中华先贤人物故事汇

纳兰性德

王鸿莉

著

中华书局

图书在版编目(CIP)数据

纳兰性德/王鸿莉著. —北京:中华书局,2022.8
(2023.9 重印)
(中华先贤人物故事汇)
ISBN 978-7-101-15710-9

Ⅰ.纳… Ⅱ.王… Ⅲ.纳兰性德(1654~1685)-生平事迹
Ⅳ.K825.6

中国版本图书馆 CIP 数据核字(2022)第 065044 号

书　　名	纳兰性德	
著　　者	王鸿莉	
丛 书 名	中华先贤人物故事汇	
责任编辑	马　燕　董邦冠	
责任印制	管　斌	
出版发行	中华书局	
	(北京市丰台区太平桥西里38号　100073)	
	http://www.zhbc.com.cn	
	E-mail:zhbc@zhbc.com.cn	
印　　刷	三河市宏达印刷有限公司	
版　　次	2022 年 8 月第 1 版	
	2023 年 9 月第 2 次印刷	
规　　格	开本/787×1092 毫米　1/32	
	印张 4　插页 2　字数 50 千字	
印　　数	3001-6000 册	
国际书号	ISBN 978-7-101-15710-9	
定　　价	20.00 元	

出 版 说 明

孔子周游列国，创立儒家学说；张骞出使西域，开辟丝绸之路；书圣王羲之，留下了曲水流觞的佳话；诗仙李白，写下了"举头望明月，低头思故乡"的名篇；王安石为纠正时弊，推行变法；李时珍广集博采，躬亲实践，编撰医药学名著《本草纲目》……

这些杰出的历史人物，有的是在中华民族文明进程中做出过突出贡献、对后世产生过巨大影响的思想家、政治家，有的是对中华优秀传统文化的传承传播发挥过重大作用的文学家、艺术家、科学家，有的是为国家安定统一、民族融合团结和中外文化交流做出过杰出贡献的军事家、外交家……他们为中华民族的繁荣发展做出了伟大的贡献，他们的行为事迹、风范品格为当世楷模，并垂范后世。

他们是中华民族的先贤人物。他们的思想、品德、事迹，是中华优秀传统文化的结晶；他们的故事，是对中华民族的禀赋、特点和气质最生动、最鲜活的阐释；他们的名字，在五千年中华文明史上最为光彩夺目；他们为五千年中华文明史书写了最为光辉灿烂的篇章。

为了解先贤，走近先贤，我们精心组织编写了这套《中华先贤人物故事汇》丛书，以翔实可靠的史料为依据，细腻动人的故事为载体，真实地呈现中华先贤人物的事迹、品格和精神风貌，彰显他们的贡献和功绩，激发人们对国家民族的热爱，对中华文明、中华优秀传统文化的崇敬。

开卷有益，期待这套丛书成为你的良师益友。

目　录

导　读

　　纳兰性德（1655—1685），原名成德，字容若，号楞伽山人。纳兰性德的一生只有短暂的三十一年，但他被誉为清代第一词人。他像流星一样划过，时至三百多年后的今日，世间仍在争说"饮水词"。

　　纳兰性德的词明白如话、毫无虚矫，不堆砌典故；三百多年后读来，也不存在阅读障碍。王国维认为他是"以自然之眼观物，以自然之舌言情"，赞之"北宋以来，一人而已"。

　　纳兰性德的一生虽短暂，但很丰富：他的父亲、母亲、老师、朋友、爱人，都与他有深刻的情感关联。纳兰性德将这些复杂的情感凝结为简练的诗词。若只读纳兰诗词，读者往往想不到浅白文字背后所承载之深、遥寄之远。清初尚未完全平复武力争夺，纳兰的家族，乃至整个部族，都刚从尸山血海中挣扎出来。纳兰虽为朝廷重臣长子，享尽富贵繁华，但他以"楞伽山人"为号，行走宫掖，端一佛心。纳兰二十一岁中进士，二甲第七名，侧帽风流；"文进士"又选为武侍卫，随扈巡幸、边塞探敌，"日则校猎，夜必读书"。纳兰将全部的灵魂精血供奉于词，但也曾规矩谨严编撰《通志堂经解》，并热衷西学，还研究科学。纳兰书写过"一生一代一双人"的婉约情深，也留下了"夜深千帐灯"的豪放壮阔。纳兰热衷结交江南的汉人文士，以顾贞观为生死知己，仗义奔走解救困于宁古塔的吴兆骞；也会在塞外故地蓦然回首时追忆起自己的部族祖先和他们的不甘。纳兰一生的经历及创作充分体现了清初政坛和文坛的复杂，他本人亦成为清初满汉文化交融的最好象征。

纳兰性德生前刊刻的词集，以"饮水"为名，取"如鱼饮水，冷暖自知"之义。他的一生，三百多年后的我们其实难以完全复原；我们想象中的词人纳兰和历史上真正的纳兰，有重合，也有距离。但也许跟随他的脚步，走近他的时代，我们才能真正地了解他。

生于华阀

　　顺治十一年十二月十二日（1655年1月19日），纳兰成德出生于北京凌冽的冬日，因此他的小名唤作"冬郎"。

　　在纳兰出生前的数月，他的表兄爱新觉罗·玄烨（1654—1722）也刚刚来到人世。若干年后，玄烨将成为清朝的第四位皇帝，也就是号称"千古一帝"的康熙。

　　康熙十四年（1675），纳兰成德二十一岁的时候，康熙立第二子保成为皇太子，因避讳东宫之名，成德改为"性德"。不久之后保成更名为胤礽，"性德"又恢复为"成德"。"性德"之名、"容若"之字、"楞伽山人"之号都是纳兰自己所取，有佛家意味。

　　纳兰家为满洲正黄旗，叶赫那拉氏。"纳兰"又可写作纳喇、那拉，在女真语中是"太阳"的意思。其先世出自蒙古，姓土默特，本居松花江以北地区。明初之时击败呼伦河流域的女真纳兰部落，移居当地，改姓纳兰。纳兰四世祖率众南迁，移居叶赫河流域，称为叶赫部，以叶赫纳兰为氏。这种称呼的方法是当时女真人的习俗，"满洲姓氏分住各处者，其姓氏之上，必冠以地名"。叶赫部属海西女真，是东北地区最强盛的女真部落之一，与努尔哈赤领导下的建州女真时有摩擦、争斗，但又通过联姻的方式保持合作。在纳兰出生前三十六年（1619），努尔哈赤征讨叶赫部，这是努尔哈赤统一女真的一大障碍。叶赫部分新老两城，老城首领金台石是纳兰的曾祖，他固守拒降，最后被缢杀。在血流成河的叶赫高台之下，向金台石喊话劝降的人中就有皇太极，后人皆知他是努尔哈赤的继任者，却不知道他的母亲孟古哲哲正是金台石的亲妹妹。最终，叶赫部降，努尔哈赤一统女真。这一战极其惨烈，乃至后人有一种传说，说叶赫部族人死前咒怨道："吾子孙虽存一女子，也必覆灭满洲。"所谓"女子"，即慈禧及隆裕，她们恰巧都是叶赫那拉氏。

纳兰的母亲觉罗氏，同样大有来头，她是英亲王阿济格之女。阿济格是努尔哈赤第十二子，皇太极的异母兄弟，多尔衮的同母兄弟。阿济格是多尔衮最坚固的同盟，在多尔衮任摄政王期间，阿济格权倾一时。顺治七年（1650），多尔衮病亡，阿济格护灵回京。顺治八年（1651年）正月，福临宣布亲政。阿济格被告发护灵回京时"欲为乱"，十月被赐死，诸子皆黜为庶人。纳兰母亲觉罗氏嫁给明珠时是在阿济格被赐死之后不久，她经历了从煊赫鼎盛到家破人亡的变故。康熙元年（1662），阿济格子孙恢复宗籍，照例封爵。此时纳兰八岁。

当所有人都认为纳兰性德"生长华阀""渊源令绪，本崇积厚"之时，也要看到这背后的惨痛历史：纳兰出生前三十六年，曾祖金台石被缢杀于叶赫故地；出生前四年，外祖父被赐死于京。沉甸甸的家族史，蕴含着清初女真部落争斗的密码，隐藏着新朝初立之时权力斗争的严酷，昭示着人世命运的无常。

不过，这些都属于祖上的故事。等到了明珠出生时，他虽有世职可袭，但与其他满洲世家相比，并无特殊优待。明珠六岁丧母，十二岁时父亲尼雅哈（金台石次子）去世，之后由伯父（金台石长子）抚养。因此，明珠所能依仗的家族力量并不多，他更多的是凭自己的本事从蓝翎侍卫晋升为一代权相。出身满洲、精通汉学、对抗鳌拜、议撤三藩，明珠的身份、才学，尤其是每一次政治选择都正中康熙的心思。明珠成为康熙朝最炙手可热的权臣，重振了纳兰家业。

羽翼渐丰

  纳兰家的宅第由明珠营建，纳兰从出生到病逝，都生活在这座大宅之中。清代旗民分住，八旗按方位分居内城，纳兰家所在的正黄旗位于德胜门内，恰接什刹海。什刹海是北京内城最大的一片水域，由前海、后海和西海三部分组成，"玻璃十顷，卷浪溶溶，菡萏一枝，飘香冉冉"，"野水弥漫，一碧十顷，白莲红蓼，掩映秋光"。与一般满洲权贵不同，明珠特别喜欢盖房子建园子，他营建的园子风景特别好。明珠常广邀文人于园中宴游雅集赋诗。随着时间流逝，园林无不湮灭于历史长河中，但纳兰家的渌水亭、通志堂、自怡园却永远留存于诗词文章之中，毕竟，文字寿于金石。

渌水亭是纳兰起的名字，他曾为这座小亭写过诗："野色湖光两不分，碧云万顷变黄云。分明一幅江村画，着个闲亭挂夕曛。"纳兰最早的文集就名为《渌水亭杂识》。通志堂是书房，纳兰的解经之作即以《通志堂经解》为名，在他去世后，徐乾学等人为他编撰的作品集亦以《通志堂集》为名。此外，花间草堂、珊瑚阁等都是纳兰熟悉的。这里是他的家，他描写道："我家凤城北，林塘似田野。蓬庐四五楹，花竹颇闲雅。"

关于童年，纳兰最初的记忆是，自己站在几棵枣树下，看家仆打枣。一名家仆拿着长杆子打树上的枣子，其他家仆和奴婢在旁边指指点点："快！往左打！再高一点！"然后噗噜噗噜噗噜往下掉枣子，红的青的都有，下雨似的。纳兰也不知道是什么情况，糊里糊涂走到枣树下，还没等他明白过来，头上已经挨了几个小枣子，他疼得吱哇乱叫。

"哎呀！快住手！打到小主子了！赶快停一停！"在一旁看热闹的嬷嬷（满人对奶妈的称呼）赶紧跑过去，一把搂住纳兰，用自己健壮的身子护住他，帮他遮挡掉下的枣子。

关于童年，纳兰最初的记忆是，自己站在几棵枣树下，看家仆打枣。

大家赶紧停了，过来看砸到小纳兰没有。

小纳兰却顾不得自己的疼痛，反而仰头问："嬷嬷，没打到你吧？嬷嬷，你疼不疼？"

嬷嬷把他带到一边，挑了一颗大青枣，用袖子擦了擦，给小纳兰玩儿，嘱咐他不能直接吞吃，枣核儿卡在嗓子眼儿可不得了。小纳兰看大家都还在兴致盎然地打枣子，干脆去树下捡枣子玩。嬷嬷一面盯着小纳兰，一面跟其他仆人感慨："你看咱们家小主子，多好！自己被打到了，还问别人疼不疼。三岁见老，咱们小主子是个仁义人儿。哎，咱们当家的就……"

旁边管事的喝了嬷嬷一声，不让她说下去："瞎说什么？看好小主子，带他去别的地方玩吧！你别在这里瞎说……"

小纳兰牵着嬷嬷的手，抬头看其他人，大家眼里都闪过一丝惊恐。嬷嬷也打了个寒噤，不再说话。纳兰能感到嬷嬷的心在"咚咚"跳。

大家都安静下来，突然，听到后院爆发出一声剧烈的惨叫，大伙更不敢吱声了，这时候真是一根针掉地上都能听到。纳兰感到大家的快乐劲儿一下子都没了。管事的说："大家都散了，散了，散了！干活去吧！"然后他理理衣裳，踅到后院去探听情况。

胆小的奴婢和仆人赶紧散了，却有几个胆大的，手头也没什么事儿，还待在院子里装作干活，窃窃讨论发生了什么。

其实，大家都知道发生了什么，只是不知道这回倒霉的是谁。

过了一会儿，管事的出来了，相熟的就过去探问出了什么事儿。管事的呵斥说："不相干的事儿不要管，都干活去，都干活去！"当然这是套话，他也经不住她们再三撺掇，就借坡下驴地说道："刚才，小刘子做的汤不合主子口味，主子当场泼了她一脸热汤。现在还瘫在那里，主子不让别人去救她。……以后你们做事也勤快点，卖力点，可别拗了主子的心意。"

他虽然说得轻描淡写，但大家都知道是怎么回事儿：家里的主子规矩大，爱喝的汤又油，一碗热乎乎的油汤泼到脸上，那会变成啥样？何况还不让人救。也就无怪乎这么惨叫连连了……

大家正窃窃私语，管事的突然发现嬷嬷还拉着纳兰站在阶前，就变了脸色："嬷嬷，你这是怎么回事？还不赶紧带着小主子回屋里去？"

嬷嬷说："嗨，没事，小主子还小呢。"不过，还是拉着纳兰回屋去了。

纳兰天性敏感。虽然年纪还小，但他已经隐隐约约知道，家仆们私下议论的，是自己的母亲觉罗氏。他知道大家都怕母亲。母亲是一位虔诚的佛教徒，每天都焚香磕头，念诵佛经，甚至亲手抄写《金刚经》。尽管如此，她的性格仍然很暴躁，动不动就生气，摔杯子、摔碗是常事，奴婢被打伤打残的也不少，往她们脸上泼热汤热茶，那都算是轻的。纳兰虽然很少挨打，但她真要动了火气骂纳兰的时候，那也是很可怕的。小纳兰吓得瑟瑟发抖，他知道嬷嬷最疼他，就指望嬷嬷能来解救他。但嬷嬷也会挨骂，有时候，母亲甚至拿鸡毛掸子抽嬷嬷，把她抽得满身都是印子。所以，这种时候，嬷嬷也不敢贸然上前，只能在一旁眼泪汪汪地看着小纳兰。

小纳兰总是很想见到父亲，但父亲是当朝重

臣，天天在外忙，就算回家，也总是在书房里，和幕僚先生们商谈。小纳兰好奇，不知道他们怎么有那么多话要谈。偶尔在吃晚饭时见个面，通常的情况是——父亲嚼了口饭，看了看纳兰，刚说上几句话，就若有所思，然后跟旁边伺候的奴婢说：

"去传安三来见我。"

安三也是纳兰家的仆人，但是资历深，最受明珠信任。他是高丽（朝鲜）人，只比纳兰大七八岁，但因从小给明珠当仆人，一起长大，办事能力又特别强，家里重要的事情基本交由他来处理。过了一会儿，安三过来，明珠就与他一起去书房议事。家里有一条不成文的规矩，未经许可，谁都不能在明珠和安三议事的时候去书房叨扰。对于安三和父亲的交情，纳兰的母亲有时都会嫉妒，但也无可奈何，因为纳兰家的事都是安三办。没有安三，什么事都办不成。

然后，小纳兰又要过很多天才能再见到父亲。

有时候，纳兰故意熬着不睡，就想等父亲过来看他一眼，摸他一下。有时候，他甚至偷偷跑到书房门口，想等到父亲和安三聊完出来。然而两人往往聊很久。结果，小纳兰最后等到困得在书房外面睡着了，被奴婢抱到床上，到底还是没能见到父亲。

小纳兰觉得家里的宅子空空荡荡，只有嬷嬷疼他。纳兰长大了一些，但处境还是没有什么改变，父亲照旧很忙，母亲照旧规矩大。有时候，父亲急急忙忙赶回家，就是为了跟从扬州处理事情回来的安三见个面，然后就走掉了。如果要说有什么变化，那就是嬷嬷最终被母亲赶走了，据说她走后不久就死了，死前还在念叨着纳兰。这是不是真的呢？纳兰也不清楚。纳兰只是觉得身边人虽多，但亲近的人没有了。

这些是小纳兰心里隐藏最深的寂寞。

但纳兰毕竟是个孩子，他好动，喜欢新奇事物，有着蓬勃的生命力。他在自家宅院中找到了许多乐趣。纳兰出生时，满人入关不过十一年，渔猎之风犹盛。骑马射箭熬鹰狩猎，一个都不能少。小纳兰在自家宅院里扎扎马步，拉弓射箭学骑射，去亲戚家看看鹰，都是乐事。院里还能夏夜赏花，秋日打枣，不过，小纳兰还是顶顶喜欢冬天。

冬天，是纳兰出生的季节。听家里的老辈人说关外老家的雪可比北京大多了，他没去过，想象不出有多大，去问父亲，才发现父亲十岁就来北京了。大家说的关外老家是什么样子？雪能下到多大？风有多冷？小纳兰还是想象不出来。他现在一门心思盯着什刹海什么时候能开始滑冰。

这年冬天，终于等到冰层冻实了，家人才带他去什刹海玩。他们带着冰床，小纳兰坐上去，下人一拉，哧溜哧溜地就滑出去了。小纳兰玩得可开心了。他抬头一看，冬天的天空可真蓝啊，看得他心都化了。小纳兰在冰场的另一兴趣是看人：冰嬉虽是满人的老传统，北京城里照旧流行，什刹海的冰嬉高手真是不少，有的人滑冰就像在冰上练武。家人给小纳兰解释："这个是'苏秦背剑'，那个抬腿叫'金鸡独立'。"小纳兰看得眼花缭乱，心满意足。

冬日，小纳兰还喜欢认认真真地画九九消寒图，然后扳着指头算还有多少天能迎来春天。这不是满人的习俗，但小纳兰觉得真是雅致有趣。书房里的先生告诉小纳兰，有部书叫《帝京景物略》，里面记载道："冬至，画素梅一枝，为瓣八十有一，日染一瓣，瓣尽而九九出，则春深矣，曰'九九消寒图'。"

入关之后，有些满人子弟学起汉文来感觉十分困难；小纳兰不一样，他就是天生的读书种子。读书过目不忘，善于作诗，小小年纪吟出的诗句已是惊人。十三岁时，他随董讷先生读书，学业大为精进。一个崭新的世界慢慢地在纳兰面前展开了：这是比家中的花园、家外的什刹海加在一起都更加广阔无边的文字世界。

从五岁开蒙始，小纳兰就认真勤勉地学经读史，练书法作时文。十四岁时，因父亲明珠参与的历法之争，他对西学的兴趣更加浓厚，而且听说宫里已是皇帝的表兄更是谙熟西学。但所有的事情中，最最让他倾心的还是诗词。那些诗句，好像说出了他小时候心中的惆怅惶恐；那些诗句所描绘的世界，像是鸽哨响彻的冬日晴空，令人心迷。

情窦初开

时光如梭，小纳兰长成了翩翩少年。

那天，他在城里学习累了，决定回到城北的皂荚屯家园去。纳兰家的田庄、果园都在京郊的皂荚屯，这里也是纳兰家族的墓地；明珠在此先后营建了宅舍、花园和寺庙。

一大早，天刚有点亮光，他就骑马出城了。从什刹海到皂荚屯有二三十公里，在没有汽车的时代这是不近的路程。他策马狂奔许久，才到达城外的皂荚屯。他感觉有些疲累，正好发现路边有一口水井，就坐下来休憩。皂荚屯靠近西山，水源丰富，是北京近郊的风水宝地。已是暮春时节，井的四周种着鲜艳的红花，飘落一地红色花瓣。天色尚早，还没有人出来活动，有一种寂寥之感。

"越美的景色，越是令人哀愁啊！"这个时期的纳兰，正是为赋新词强说愁的年纪。不知从什么时候开始，他最渴望的不再是打冰溜子这种小孩子玩意儿了。

"喂，我说这位，能不能让一下，别影响人家打水呀！"

突然，后面传来一个声音，打断了纳兰的思绪，他回头一看，只见一条红裙子在花架后面一闪，再定睛一看，红裙子已到了跟前——一个跟他差不多年龄的女孩手提水桶，指着他旁边的辘轳说："我要打水，不要在这里挡着，好吗？"

这是一个旗人女孩。因为她不缠足，衣服也和汉族女孩不同。她们从关外过来没多久，还没怎么受汉人影响，性格质朴直率，落落大方。只见眼前的女孩眼睛又大又圆，毫不羞怯地瞪着纳兰，咄咄逼人中别有一种风韵，举手投足间有一种蓬勃的生命力。

纳兰一下子被女孩吸引了，从服饰上，他看出她是自己家里的侍女，心里不由暗暗纳闷："以前

"我要打水，不要在这里挡着，好吗？"

怎么没见过她呢？”

女孩撅起了嘴："哎，你说你这人，叫你让开也不让开，发什么愣哪？"话从她的嘴里蹦出来，是纯粹的京腔，像一颗颗珍珠，脆崩脆崩的，颗颗落在纳兰的心坎里，怎么听怎么舒畅。他赶紧让开说："我帮你打水！我帮你打水！"但却舍不得移开眼睛，结果被绊了一下，差点摔倒。

红裙女孩见他这副失魂落魄的模样，不由得扑哧笑了，说："谁稀罕你给打水！您别把自个儿打到水里去就行了！"

纳兰让到一边，盯着她，眼睛一眨也不眨，看她打水的每一个动作，利利落落，每一个动作都那么好看。

红裙女孩觉察到了纳兰的注视，回头看了他一眼，两人眼神相交，碰撞出了一个小火花。

女孩打好了水，走到纳兰的面前，问："喂，你叫什么名字？"

纳兰犹豫了一下，告诉了她。女孩愣住了，她马上后退一步，弯腰行了个礼，紧张地说："奴才该死！奴才见过主子！"

纳兰赶紧回礼，一问，原来她是新来的。最近他不常回来，所以没有见过她。

虽是主仆，但因年轻，没那么多规矩，聊着聊着，俩人越聊越开心，渐渐就没那么拘束。这时，开始听到其他人出来活动的声音，纳兰知道得走了，紧张地问："下次能见到你吗？"

"可以……"

"哪里见？"

"在……"

女孩迈着轻快的步伐走了，脚步声就像小鹿的足音，把纳兰的心似乎也带走了。他叹了口气，抬头看天空，发现又蓝又美。

后来，纳兰一有空，就从城里骑马赶至郊外，两人经常一起相约出行。皂荚屯盛产樱桃，樱桃上市的季节，两人一边吃樱桃，一边嘀嘀咕咕。

"今天，你给我写词了没有？"

"写了。"

"给我看，我要看！"

女孩读道："正是辘轳金井，满砌落花红冷。蓦地一相逢，心事眼波难定。谁省，谁省。从此簟纹灯影。”

“喜欢吗？”

“这是写咱俩认识那天吗？有什么好写的？结尾凄凄凉凉，不喜欢！……逗你的，喜欢！”

两人有时挑灯聊到夜深，天南海北，怎么都聊不够。他感觉自己在喝一坛醇厚的美酒，除了眼前的女孩，世界好像不存在了。

然而好景不长。

几个月后的一天晚上，下着毛毛小雨，纳兰在相约的地方等了很久，一直没等来女孩，又等了很久很久，最后才从幽深的走廊里，看到了女孩孤独的身影。

“怎么这么晚啊，你？”

她远远站着，用手揉搓着裙子，低头轻轻说：“我们的事……家里人知道了……”

纳兰僵在那里，一盆凉水浇到心底。

那一天，两人默默地告别，最后能做的，只是帮对方擦去眼泪。

初恋随着多雨的夏季过去了，虽然只是短短几个月，却像一阵奇异的风，安抚了纳兰躁动的心，给他留下一片凄清艳丽的风景。我们永远不会知道这个女孩是谁，只知道她在滚滚岁月风尘中，曾在某个夜晚为了意中人偷捣凤仙花：

　　春葱背痒不禁爬，十指掺掺剥嫩芽。
　　忆得染将红爪甲，夜深偷捣凤仙花。

雅集唱和

　　康熙十年（1671），十七岁的纳兰进入国子监学习，在这里他结识了好朋友张纯修，两人成为结拜兄弟。张纯修（1647—1706），字子敏，号见阳，比纳兰大八岁。纳兰从这一年开始陆续结识了不少朋友，皆一时俊彦，但大多比他年长，唯一比他小的是曹寅。曹寅（1658—1712），字子清，比纳兰小三岁。曹寅与张纯修都是满洲正白旗包衣。所谓"包衣"，满语的意思是"家的""家里的"，多指家臣、家仆。努尔哈赤率领八旗四处征战之际，将主动来投者或所获战俘，不分民族，都纳为"包衣"，分属八旗，归入满洲；同时规定，这些人及其子孙一直为满洲贵族所奴役，世代为仆。虽同为奴仆，但包衣内部差别甚大：服务于皇帝和皇室成员的上三旗包衣，就比服务于王公贵族的下五旗包衣身份要高。至于更低贱的包衣，则被称为阿哈，多在京郊庄田做辛苦的农耕工作。清代的包衣群体极为特殊：像张家、曹家这样的上三旗包衣，一方面有户籍有身份，可科举可入仕；但同时又是皇室的世代家奴，曹寅和李煦给皇上写信都是自称"家奴""奴才"。

纳兰与人交往，从不以贵公子自居，不在乎你是满人、汉人、朝鲜人还是包衣，他渴求的是真正的志趣相投。总是有人因为他的父亲明珠的权位来靠近他，这里面不乏知名文人；但当他逝去多年之后，只有真正的朋友一直怀念他，这是经过考验的交情。

国子监是古代最高学府，里面很大，长满了古柏，还竖立着很多高大的进士题名碑。纳兰特别喜欢去石鼓附近徘徊，揣摩上面的文字。古柏、进士碑、石鼓，国子监的这些旧物总是能让纳兰沉下心来。

夏末的一天，纳兰立于一株古柏之下，看起来很是着急：

"这里这里，见阳兄，这儿，我在这儿，拿到了没有？"

"来了来了，拿来了，这是最新的！"

两人站在古柏下就急不可待地读起这本小册子。最近风靡京城的这本传抄的小册子可不简单，它记录的是这个夏天京城最轰动的雅事：秋水轩唱和。

"秋水轩"是退谷老人孙承泽（1593—1676）在京城西南的别墅，每逢炎夏，他就去那里避暑。孙承泽已经七十九岁了，这年夏天，他的好友——大词人周亮工的公子周在浚进京，就住在秋水轩。孙承泽和周在浚都是文坛颇有号召力的人物，一时间京城的名公贤士蜂拥而来，饮酒啸咏，雅集为乐。六月二十日，这日天气炎热，像桑拿天，词人曹尔堪前来探望周在浚，看到秋水轩壁上有题诗，一时兴起，也作了一首词，题目很长：《贺新凉·雪客秋水轩晓坐，柬檗子、青藜、湘草、古直》。"贺新凉"是词牌名，又作"贺新郎""金缕曲"。"檗子、青藜、湘草、古直"是曹尔堪四位友

"来了来了，拿来了，这是最新的！"

人的字号，都是会写诗填词的才子。曹尔堪刚题完诗，就被同来秋水轩串门的大词人龚鼎孳看到了，随即作和诗一首，然后檗子、青藜、湘草、古直以及周在浚等纷纷加入唱和，全部使用《贺新凉》词调，"剪"字韵。从夏天到冬天，从京城到全国，从题壁、手抄本到寄答，这一唱和迅速风行，一时藻制如云，成为康熙十年文坛最大的盛事。张纯修年长办法多，每次都能将最新的唱和诗记录下来，带给纳兰看，这是他们那一年学堂生活之外最大的乐趣。

读完张纯修带来的小册子，纳兰兴奋地感慨："还是大宗伯公的诗为最佳。"

"那是，龚大人可是与钱牧斋、吴梅村并称的人物呢。"纯修也是一片向往。

纳兰还是沉醉于龚鼎孳之词，不禁吟咏再三：

帘飚微飓卷。正新秋、一泓秋水，一宵排遣。客舍高城砧杵急，清泪征衫休浣。随旅燕、栖巢如茧。老子逢场游戏久，兴婆婆、肯较南楼浅。眉总斗，遇欢展。　　西山半角藏还显。

记春星、扣笤孤照，来青残扁。早雁渐回沙柳路，催起背鹰牵犬。虾菜梦、年年难免。且饮醇醪公瑾坐，问风流、军阵今谁典。花月外，舌须剪。

纳兰吟咏之后感叹说："好词就是好词！"

"不知我们何时才能有机会参与此等盛会！"纯修十分羡慕这等文人雅集，说："我可以画下来！"纯修最喜丹青，想到作画就手痒。

"词嘛，不用参加雅集唱和，自己就可以写。不过有些人我神交已久，有机会真想结识一下。你记不记得我上次和你说过的顾梁汾？"

"曾祖是顾宪成的那位？"

"就是他！'落叶满天声似雨，乡观何事不成眠'，写得多好！"

"听说他今年春天就要离京了。"

"唉，也不知将来有没有机会结识顾先生。"纳兰怅惋不已。

"你先别挂念着顾先生了，赶紧想想徐先生吧！虽说徐先生上次刚夸了你，但你又不是不知道徐先生的严格。"纯修打断了纳兰的思绪。

"啊！徐先生！我还得再去改改我那篇制艺呢。"纳兰急急拉着纯修往学堂走，读经作文是他每天的必修功课。徐先生即国子监的祭酒徐元文。他相当严格，不管是谁，不守规矩都要受罚，康熙听说此事还专门夸奖过他："徐元文为祭酒，规条严肃，满洲子弟不率教者，辄加挞责，咸敬惮之，后人不能及也。"今年皇上恢复了经筵日讲，明珠和徐先生都是经筵讲官，会定期进宫为康熙讲解儒家经史，纳兰时常听到他们对皇上表兄的赞许。

秋水轩唱和似乎引发了纳兰内心的火焰，那些韵脚深深刻在他的心间。五年后，当纳兰终于结识顾梁汾并为他作词时，其中一首就是《金缕曲·再赠梁汾，用秋水轩旧韵》：

酒浣青衫卷，尽从前、风流京兆，闲情未遣。江左知名今廿载，枯树泪痕休泫。摇落尽、玉蛾金茧。多少殷勤红叶句，御沟深、不似天河浅。空省识，画图展。　　高才自古难通显。

枉教他、堵墙落笔，凌云书扁。入洛游梁重到处，骇看村庄吠犬。独憔悴、斯人不免。衮衮门前题凤客，竟居然、润色朝家典。凭触忌，舌难翦。

寒疾误试

十九岁那年，纳兰遭遇人生第一次比较大的挫折。

前一年八月，纳兰应顺天府乡试，中了举人；今年二月，春闱亦中：整整九天，吃喝拉撒睡全憋在小格间里，好不容易熬了过来。家人一方面很兴奋，这么年轻已经过了会试；一方面又有点紧张，三月份就该殿试了。殿试是科举路途的终点，一旦通过，纳兰便可以顺利踏入仕途了。虽说明珠的长子肯定不缺差事，但科举正途出身那还是很不一样。

冲刺在即，胜利在望，但天有不测风云。纳兰突发寒疾，病倒卧床，无缘廷对，只能无奈地错过殿试。寒疾就像潜伏在他生命中的阴影，总是突然蹿出，蚕食他的健康。纳兰郁郁地躺在病榻上，陆续得到消息，有朋友高中，也有朋友落榜。但自己却彻底失去了这次机会，下一次科考要等到三年之后了。在病床上，纳兰写了一首诗《幸举礼闱以病未与廷试》，以排遣郁闷：

> 晓榻茶烟揽鬓丝，万春园里误春期。
> 谁知江上题名日，虚拟兰成射策时。
> 紫陌无游非隔面，玉阶有梦镇愁眉。
> 漳滨强对新红杏，一夜东风感旧知。

明珠也暗暗叹息，只能用"吾子年少，其少俟之"宽慰儿子。明珠久经风浪，朝堂上云南那边隐有不安，他无暇分顾；但三年时间不能白白耽误，于是明珠为儿子请到一位良师——徐乾学。徐乾学（1631—1694）既是国子监祭酒徐元文之兄，又是纳兰乡试时的主考官之一，此时正与明珠交好。其实，前一年中举后，在京兆府鹿鸣宴上，纳兰就曾拜见过徐乾学；三天后，又专门去徐府拜访请教，两人侃侃而谈，相见甚欢。寒疾渐愈之后，从五月开始，每逢三、六、九日，纳兰黎明之时就骑马去徐府学习，待一整天，日暮方去。

徐乾学不但是大学者，而且是大藏书家，纳兰到徐府后，目睹了其家藏的万卷图书，对老师更是钦佩。更令纳兰惊异的是徐氏家族之辉煌。徐乾学、徐元文和徐秉义三兄弟人称"昆山三徐"，他们是中国科举史上的一个奇迹：同胞三及第。一甲只有状元、榜眼、探花三位，三年一考，十数年间兄弟三人囊获两个探花一个状元，空前绝后，绝无仅有（徐乾学的五个儿子在之后的三十年间，前后考中进士，是名副其实的"五子登科"。雍正年间，徐乾学幼子徐骏因"清风不识字，何必乱翻书""明月有情还顾我，清风无意不留人"等诗句触犯文禁被杀，昆山徐氏家族从此衰败）。三徐的舅舅是大名鼎鼎的顾亭林，顾本人虽不当清朝的官，但并不干涉后辈子弟出仕。三徐往来的学人文士及幕僚有不少都是纳兰心中久仰的人物：如万斯同、阎若璩、胡渭、刘献廷等，他们都是那个时代第一流的经史名家。经由徐家，纳兰对江南的戴、叶、黄、顾、李等世家有了更深入的了解。日日在徐乾学身边耳濡目染，纳兰对汉族的精英文化有了更深的体会。他所能接触到的不仅是科举所必需的八股，还有精审周密的经史考据及研究，达到有清一代的最高水准。慢慢地，纳兰未能殿试的遗憾渐渐淡去了。说来也巧，癸丑科的状元韩菼也是徐乾学弟子，探花徐秉义是徐乾学的亲弟弟，与他们接触之后，纳兰越发意识到自己的不足。

在徐家求学的另一乐事是交到不少朋友。徐乾学的几位公子和弟子都是芝兰玉树，纳兰与他们一同读书，乐乐陶陶。纳兰与徐乾学长子徐树毂最熟悉，纳兰有时会故意开玩笑："艺初啊艺初，你怎么又读李义山了，你就那么喜欢李义山？又作笺注？你干脆作个笺注集子算了。"

"你难道不喜义山？"树毂含笑反问。

确实，晚唐诗里纳兰顶顶喜欢的还真是李义山。

"将来我真想作个义山的笺注集子。"树毂兴致勃勃。

"给义山作笺注，怎么少得了我！"刚从屋外进来的徐乾学次子徐炯也加入进来。

你一言我一语，三人开始讨论自己最喜欢的义山诗，这个念叨"只是当时已惘然"，那个倾诉"碧海青天夜夜心"，尚未深识人间愁滋味的青年沉醉于蓝田日暖、沧海月明的迷惘，并不知晓未来属于他们自己的人生真会有伤心无数。

这三年堪称纳兰的蛰伏期。他撰写《渌水亭杂识》，赞助编撰《通志堂经解》，都始于他拜师徐乾学这一年。人们总是先看到纳兰的出师不利，却鲜少关注他的应对和沉潜。人生在世，坎坷难免，挫折沉郁的时间正是积蓄沉潜的机缘。既遇之则安之，总会见到曙光。

燕尔新婚

二十岁时，纳兰与卢氏结婚了。

古人结婚，无"自由恋爱"一说，当事人很少有选择自由。年轻人的婚姻都由父母包办。能否找到理想伴侣，除了父母的眼光之外，往往还要靠运气。特别是，官宦阶层因为要考虑家族利益，婚姻往往不可避免沦为政治联姻的工具。

纳兰心里难免也隐隐恐惧，不知即将过门的妻子是怎样一个人。

幸运的是，妻子卢氏是他人生中的灵魂伴侣。

卢氏是两广总督卢兴祖之女。卢兴祖为汉军八旗，曾任两广总督，是清代比较著名的封疆大吏，后因政治斗争受牵连，辞职回京，所以，卢氏跟着父亲走南闯北，见过世面，很有见识，非一般闺阁女子可比。

刚结婚的时候，一个十八岁，一个二十岁，两人都很害羞，不知道说什么，但很快，两人就如胶似漆，非常恩爱。

卢氏知书达理，虽不擅写诗填词，却很有鉴赏眼光，她特别体贴，总是鼓励纳兰保留自己内心的一片天地。夫妻俩经常在夕阳西下时，到风景迷人的西山，一起欣赏"山气日夕佳，飞鸟相与还"的美景；或者携手在什刹海边的水榭，看盛开的荷花，品新上市的菱角和鸡头。

纳兰有空时还会和老友张纯修去郊外打猎，若有猎物，他会得意地向卢氏献宝。张纯修擅丹青，有新作也常请纳兰夫妇观赏。这日，夫妻俩收到张纯修的信，打开一看，是两幅画，分别画着两个人。纳兰一眼就认出其中一个是张纯修的弟弟，另一个人却怎么也认不出来。回头一看，只见卢氏在一旁掩嘴偷笑，纳兰性德很诧异，说："你笑什么呀？"

"笑你呀！"

纳兰与妻子在什刹海边的水榭，看盛开的荷花。

"我？我有什么可笑的？"

"可怜人家跟你做了半辈子兄弟，你却连人家都认不出来！"

纳兰性德仔细一看，才看出第二幅画画的是张纯修自己，不由大笑："这个世界上果然旁观者清，当局者迷！他画他弟就画得像，画他自己就失真。看来，他缺乏对自己尊容的判断！改天我送他一面西洋镜，让他知道自己是怎样一副尊容……"

卢氏笑着说："人家好意送你画，你还挖苦人家，太不厚道了！你给他回信，嘴巴可不能这么损。"

纳兰性德说："我偏要损一损他！"说着提笔就给张纯修回信，信中写道："令弟小照可谓逼肖，然妆点未免少俗耳。吾哥似少不像，而秋水红叶，可无遗憾也。"

卢氏看着纳兰的回信，不禁莞尔一笑，摇头嗔道："你呀！"

日子就是这样平淡而温馨。有时，纳兰读书到了夜深，卢氏就会亲自来催他："睡得太晚了，对身体不好，你寒疾还没除根呢。"纳兰偶尔忍不住还想多看会书，但看到卢氏倦极又要陪他，就会不忍心：旗人家规矩大，新妇可不好当。最后，他总会遂了卢氏的心愿，放下书去休息，睡前两人还可说些贴己话。

纳兰骨子里律己甚严，日常的课业并不因新婚而耽搁。先生徐乾学在京时，三、六、九日他必去徐府；先生返乡后，纳兰就兢兢业业地筹备《通志堂经解》，或是与严绳孙等人论诗填词。情投意合的婚姻，更是让他身心安顿，学业非但没有荒废，反而更为精进。

二十二岁时，纳兰再次参加殿试，得二甲第七名。算起来，一甲状元榜眼探花三人，二甲第七，也就是全国第十，真是极好的成绩。纳兰又是年轻的满洲贵公子，风头一时无两。但这一年让纳兰内心情感真正满足的，可能并不是这个二甲进士，而是他遇到了这一辈子的生死之交：顾贞观。

侧帽风流

　　纳兰最先有深交的江南名士是严绳孙。严绳孙（1623—1702），字荪友，比纳兰大三十多岁，两人是忘年交。严绳孙是无锡人，擅长诗词，与朱彝尊、姜宸英被誉为"江南三布衣"，名震天下。纳兰十九岁时和他相识，二十一岁时干脆邀请严绳孙来自己家居住，二人亦师亦友，"闲语天下事，无所隐讳"。严绳孙还介绍自己的好友秦松龄（1637—1714）与纳兰相识。纳兰明明是精于骑射的满洲贵公子，但最喜结交江南文人，还都是年龄比他大不少的名士。

　　一日，纳兰又得一首新词，兴冲冲去找严绳孙，请他评定。没想到严绳孙看了半晌，没说话，表情很是奇怪。纳兰问："先生，怎么啦？写得不好？"

严绳孙沉吟了一会，跟他说："不是不好，是我不知道怎么再教导你。"他把词放到桌上，不等纳兰回答，示意他坐下，说："容若，咱们虽年龄相差不小，但彼此投缘，你坦诚待我，我亦坦然待你。你才思敏异，世未有过之者。但是……"

纳兰见他这样郑重，不由愕然，回答说："先生但说无妨。"

严绳孙说："我从小写词，至今三十余年，也算是有点名声，得到一些谬赞。虽然如此，但我清楚，写词须有别才。'夫诗有别材，非关书也；诗有别趣，非关理也。然非多读书，多穷理，则不能极其至。'你现在读书已有自己的心得，作词也有些才气，但还欠缺一口气。比如，你这首词，虽有进境，但尚无自家面目。"

纳兰听了，着实深有感触："先生所言极是！平常感觉遣词造句总是不能得心应手，手底下还是生疏。"

严绳孙笑道："这哪里是一朝一夕能成的。徐乾学先生学问极好，但并不专攻此道，你还是应当识得些专门的词家，互相切磋激发，兴许可以慢慢摸索出自己的词路来。朱彝尊你已识得，我还有一位老友，于词一道最为专心，如有机会，你们也可以坐而论道。"

"哪位先生呢？"

"顾贞观，号梁汾。"

"啊！这位先生我在国子监时就听说过，当年我还和见阳兄专门抄录过他的词。可惜他前几年已经辞官离京，回江南了。"

"那赶巧了，他过段时间有可能进京。到时候一定介绍你们相识。"

纳兰经常从自己的朋友，如朱彝尊、陈维崧、姜宸英等人那里听到顾贞观的名字。纳兰还记得朱彝尊第一次来访，那时刚过完年，还没出正月，积雪初霁，正是北京冬日的好天气。二人本已通信许久，这次终于见着了，可把纳兰乐坏了。纳兰一会儿忙着给朱彝尊斟酒，一会儿又亲自去炙砚磨墨，等着看朱彝尊题扇。纳兰听着他们品诗鉴词，月旦人物。有人说："梁汾可是个美男子，丰神俊朗，如同魏晋人物。"还有人谈及梁汾第一次进京的传奇经历，说他刚进京就遇到盗匪，一贫如洗，寄寓在佛寺里，在寺壁上题诗，"落叶满天声似雨，关卿何事不成眠"，被当时的尚书龚鼎孳发现，大喜其才，于是名噪京城，入仕为官。可惜后来当官不顺心，梁汾就辞官游历去了，走了不少地方。梁汾率性，一诺必行。他可是位江湖散仙。顾贞观这个名字，在纳兰的心里，留下了印记。

　　康熙十五年（1676），经徐元文、徐乾学兄弟和严绳孙等人的引荐和介绍，明珠聘顾贞观为门人，四十岁的顾贞观再次入京。谁也没有料到，刚刚高中进士、风华正茂的纳兰与只任过七品小官的顾贞观一见如故，相知恨晚。虽然这时纳兰已与严绳孙、朱彝尊、陈维崧等人订交，但他最最倾心的生死之交还是顾贞观。倾心到何种程度呢？顾贞观家境贫寒，他来明珠家最初的私心是攀附明珠以搭救一位获罪友人，纳兰许诺帮助他。纳兰后来甚至为他盖房子："问我何心？却构此、三楹茅屋"（《满江红·茅屋新成却赋》），"聚首羡麋鹿，为君构草堂"（《寄梁汾并葺茅屋以招之》）。

那么，顾贞观值不值得如此倾心相待呢？——答案是值得。顾贞观是个至情至性的人，这一点与纳兰真真是趣味相投。

顾贞观（1637—1714），字华峰，号梁汾，无锡人，出身于江南名门大族，曾祖顾宪成是明末东林学派的领袖，祖父顾与渟是四川夔州知府，父亲顾枢则是东林学派另一领袖高攀龙的门生。顺治末年，他辞亲来京师，任秘书院中书舍人，后于康熙五年（1666）中举，改任国史院典籍，官至内阁中书。康熙十年（1671），因厌弃官场，辞职归里。康熙十五年（1676），他再次入京，这一年他四十岁。

古人说，"白发如新，倾盖如故"，意思是——有的人认识了一辈子还是陌生人，有的人只在途中偶遇，见一面，谈一下，却如老友。这正是二十二岁的纳兰结识顾贞观后的真实感受。自打相识，两人晨夕唱和，契若胶漆。那日，顾贞观携自己的《侧帽投壶图》请纳兰一观，纳兰一时兴起，就在上面题了一阕《金缕曲》。这就是纳兰的第一首名作：

德也狂生耳。偶然间、缁尘京国，乌衣门第。有酒惟浇赵州土，谁会成生此意。不信道、遂成知己。青眼高歌俱未老，向樽前、拭尽英雄泪。君不见、月如水。　　共君此夜须沉醉。且由他、蛾眉谣诼，古今同忌。身世悠悠何足问，冷笑置之而已。寻思起、从头翻悔。一日心期千劫在，后身缘、恐结他生里。然诺重，君须记。

顾贞观被纳兰的深情厚谊打动，也填了一首《金缕曲》。顾贞观把纳兰比作孟尝君，把自己比作侠士侯生，许诺来生也要再结金兰：

且住为佳耳。任相猜、驰笺紫阁，曳裾朱第。不是世人皆欲杀，争显怜才真意。容易得、一人知己。惭愧王孙图报薄，只千金、当洒平生泪。曾不直、一杯水。　　歌残击筑心逾醉。忆当年、侯生垂老，始逢无忌。亲在许身犹未得，侠烈今生已已。但结托、来生休悔，俄顷重投胶在漆，似旧曾、相识屠沽里。名预籍，石函记。

其实，两人此时才相交数日而已，但这份情义并非初见时的客套，而是终生不渝。自订交后，二人成为彼此最忠诚的支持者。纳兰的《金缕曲》，就是顾贞观将其传抄给在京的友人徐釚等，才使其轰动京华，这是纳兰成名之始。这首词光明磊落，笔意直追苏东坡、辛弃疾。一时间，"都下竞相传写，于是教坊歌曲间，无不知有'侧帽词'者"。纳兰填词已久，但这一首《金缕曲》才真正突破窠臼，"狂"意倾泻而出。顾贞观不仅促成了纳兰的成名，还真正地影响了他的词风。这才是高山流水的知音。

纳兰与顾贞观时常聚首，商讨《今词初集》的选编；也会纵酒谈天，通宵达旦；或者携手同游，西山脚下、玉泉河边都留下他们欢聚的身影。秋日，他们喜去纳兰家郊区别业桑榆墅，那里古木参天，寺庙林立。桑榆墅里有一座三层小楼，他们有时会登楼夜望，静听那些远远近近的钟声。

朝市竞初日，幽栖闲夕阳。

登楼一纵目，远近青茫茫。

众鸟归已尽，烟中下牛羊。

不知何年寺，钟梵相低昂。

无月见村火，有时闻天香。

一花露中坠，始觉单衣裳。

置酒当前檐，酒若清露凉。

百忧兹暂豁，与子各尽觞。

丝竹在东山，怀哉讵能忘。

——纳兰性德《桑榆墅同梁汾夜望》

多年之后，顾贞观才慢慢有勇气去回忆这位至交。他想起来有次两人在桑榆墅的三层小楼上喝到大醉，纳兰索性叫人把梯子拿走，不许他下楼，也不许人打扰。两人就这样吹风赏月饮酒畅谈。

梁汾开始念叨自己的作词理念："写词要以深情真气为干，无一字不从肺腑流出。"纳兰就会敲着杯箸，高声背词，一会儿是陈维崧的悲歌《点绛唇·夜宿临洺驿》："晴髻离离，太行山势如蝌蚪。稗花盈亩，一寸霜皮厚。赵魏燕韩，历历堪回首。悲风吼，临洺驿口，黄叶中原走。"一会儿又是顾贞观的小令《浣溪沙》："物外幽情世外姿，冻云深护最高枝。小楼风月独醒时。一片冷香惟有梦，十分清瘦更无诗。待他移影说相思。"吟完还是觉得不过瘾，他又反复念了几遍"一片冷香惟有梦，十分清瘦更无诗"，和梁汾碰杯道："你这两句写得可真好，不逊于林和靖的'疏影横斜水清浅，暗香浮动月黄昏'！世间写梅，一诗一词，真是绝唱！将来我一定要把这句用到我的词里！"

梁汾感慨道："人生百年一弹指顷，富贵草头露耳。留之何为！"纳兰惺惺相惜："就是！太上有立德，其次有立功，其次有立言，虽久不废，此之谓不朽。"两人醉态大显。

梁汾喝多了会和纳兰讲自己的家族，讲曾祖顾宪成的东林书院，讲"风声雨声读书声声声入耳，家事国事天下事事事关心"。纳兰则会讲叶赫故地，讲金台石。

这是一段黄金般的日子。二十岁出头那几年，是纳兰一生中最恣意的时光。有爱妻卢氏，有挚友顾梁汾，科举中了二甲，《金缕曲》传遍京华，声名鹊起。这是纳兰侧帽风流、一日看尽长安花的大好年华。

纳兰第一本词集名为"侧帽"，侧帽就是歪戴着帽子。为什么用"侧帽"，人们有种种揣测。有人说这来自晏几道的"侧帽风前花满路"；有人说典出北周独孤信"信在秦州，尝因猎日暮，驰马入城，其帽微侧。诘旦，而吏民有戴帽者，咸慕信而侧帽焉。其为邻境及士庶所重如此"；有人说缘起于顾贞观的《侧帽投壶图》。不管哪种解释都好，都可以想象出一位青年或是"倚柳题笺，当花侧帽"，或是"驰马入城，其帽微侧"，都是青春风流、潇潇洒洒的样子。他的青春意气肆意燃烧，夺人眼目。世人多以纳兰词中的哀戚来揣测其人，不知道二十岁出头的他也曾侧帽纵马，穿过大街："德也狂生耳！"

碧落茫茫

就在纳兰中二甲之后，卢氏怀孕了，真是双喜临门。纳兰这一年交到了很多好朋友，向卢氏讲得最多的自然是顾梁汾。生活如鲜花着锦一般，有着无限希望。

康熙十六年（1677）四月末，卢氏生下一个男孩，全家人都很高兴，给孩子取名为"海亮"。卢氏的生产过程不太顺利，孩子个头大，吃了不少苦头，但既然平安生了下来，想着好好调养一下总会慢慢恢复。谁也没有想到，不过拖了一个月，卢氏病情日益加重，竟到了不治的地步。纳兰始终记得卢氏最后的样子：她使劲睁开眼睛，看着他，却已经无力说话，她用手指了指门口嬷嬷抱着的孩子，却不敢让孩子近前来。卢氏朝纳兰勉强挤出一丝笑意，眼里满满都是沉重的嘱托和眷恋的不舍，然后就这样去了。她拼尽了所有的力气，也只是能多看纳兰和孩子几眼，然后夫妻、母子的缘分就此而尽。

这一年卢氏才二十一岁。在古代，生孩子对于女性来说像是走了一趟鬼门关。纳兰看着刚刚满月的孩子，精神恍惚，他觉得这一切都不是真实的。怎么可能呢？妻子那么年轻。怎么会呢？家里一直请着京里有名的大夫。明明之前两人还一起谈天，一起商量孩子的小名；卢氏还亲自裁剪、给孩子准备小衣服；同时还时时督促自己早点休息——那个人去哪了？纳兰不知道，纳兰不敢想。

按习俗，纳兰将妻子灵柩暂厝于双林寺禅院，等做完法事再下葬，大约需一年时间。当天夜里，他遣走身边的仆人，独自一人为妻子守灵。以前，他读过佛经，但于佛理尚没有深切的领悟，此时此刻，深夜寂寥之时，他似乎突然有所领悟。这是他第一次亲身经历最亲密的人离开，深深体会到：人来到这个世界上，仿佛命运无法自主的过客。

纳兰轻轻跟妻子说话，生怕她寂寞，此时此刻，他的内心涌出许多诗句：

心灰尽，有发未全僧。风雨消磨生死别，似曾相识只孤椠，情在不能醒。　　摇落后，清吹那堪听。淅沥暗飘金井叶，乍闻风定又钟声，薄福荐倾城。（《忆江南·宿双林禅院有感》）

挑灯坐，坐久忆年时。薄雾笼花娇欲泣，夜深微月下杨枝。催道太眠迟。　　憔悴去，此恨有谁知。天上人间俱怅望，经声佛火两凄迷。未梦已先疑。（《望江南·宿双林禅院有感》）

在持续不断的诵经声中，在缥缈摇曳的灯火之中，纳兰身在那里，似乎又不在那里；魂在身里，似乎又飘到不知何处。纳兰感觉自己的一部分也随妻子离去了。

心灰尽，俱怅望，有发未全僧，未梦已先疑，经声佛火两凄迷。当然，出家为僧是不可能的。

家族需要他，孩子的成长需要他，但妻子的去世，在纳兰心里刻下了无常。纳兰府邸所在的什刹海周遭，向来就有很多佛教寺庙，甚至"什刹海"这个名字就是因为附近有十座寺庙而起，纳兰家就有两座寺庙。纳兰从小就出入这些寺庙，他的母亲觉罗氏是一位虔诚的佛教徒。但是，因为年龄小，这些对于他来说，只是一种热闹，到底是隔膜的。

这一年，纳兰只要有空，就赶到禅院看望妻子，向她诉说自己的思念。在夜里，他总是似梦非梦、似醒非醒，依稀看到妻子的薄嗔佯笑，转头却只是灯花堕、琉璃火：

客夜怎生过。梦相伴、绮窗吟和。薄嗔佯笑道，若不是恁凄凉，肯来么。　来去苦匆匆，准拟待、晓钟敲破。乍偎人、一闪灯花堕，却对著、琉璃火。（《寻芳草·萧寺记梦》）

转眼到了中元节，各处寺庙都举办盂兰盆会，纳兰也写好佛经，送到寺庙里。他还按照京城的习俗，去什刹海放荷灯。他站在河堤上，把荷灯轻轻放到水里，看着荷花灯随水流漂去，默默祈祷自己能与妻子再结来生。只见荷灯绕过水面上的莲花，越漂越远，最后变为点点残火，消失在远处。风声随去，如带呜咽。纳兰黯然神伤良久，回到家里，仍然不能自遣，于是点起灯，写了一首词《眼儿媚·中元夜有感》：

> 手写香台金字经，惟愿结来生。莲花漏转，杨枝露滴，想鉴微诚。　　欲知奉倩神伤极，凭诉与秋擎。西风不管，一池萍水，几点荷灯。

过了中元节，一个多月后就是重阳节，纳兰还是郁郁寡欢，无法从丧妻的哀痛中解脱。日有所思，夜有所梦。重阳节前三天，纳兰忽然看到死去的妻子身着素服来看他。两人执手哽咽，互道别后衷肠，有说不完的话。一直说到天明，妻子说自己不得不走了，临别时说道："衔恨愿为天上月，年年犹得向郎圆！"说完流泪向门外奔去。纳兰想阻止妻子离去，这一挣扎，醒了！发现自己孤零零躺在席上，原来只是梦。然而"衔恨愿为天上月，年年犹得向郎圆"这句诗，却一直在耳边回响。妻子原来是不会写诗的，怎么突然能说出这样的诗句？想到这里，纳兰翻身起床，填了一阕《沁园春》：

瞬息浮生，薄命如斯，低徊怎忘。记绣榻闲时，并吹红雨；雕阑曲处，同倚斜阳。梦好难留，诗残莫续，赢得更深哭一场。遗容在，只灵飙一转，未许端详。　　重寻碧落茫茫。料短发、朝来定有霜。便人间天上，尘缘未断；春花秋叶，触绪还伤。欲结绸缪，翻惊摇落，两处鸳鸯各自凉。真无奈，把声声檐雨，谱出回肠。

又过了一个月，是妻子的生辰，十月初五。前一天夜里风雨飘摇，纳兰又想起妻子：

尘满疏帘素带飘，真成暗度可怜宵。几回偷拭青衫泪，忽傍犀奁见翠翘。　　惟有恨，转无聊。五更依旧落花朝。衰杨叶尽丝难尽，冷雨

凄风打画桥。(《于中好·十月初四夜风雨，其明日是亡妇生辰》)

纳兰看到友人为妻子所作的画卷，更是忍不住思念之情：

泪咽却无声，只向从前悔薄情。凭仗丹青重省识，盈盈。一片伤心画不成。　　别语忒分明，午夜鹣鹣梦早醒。卿自早醒侬自梦，更更。泣尽风檐夜雨铃。(《南乡子·为亡妇题照》)

每一个细节，每一处场景，都让纳兰想起妻子。在觥筹交错之中，纳兰会突然郁郁而恍惚，想到去年此日他们如何度过。回到房间，看到妻子的旧妆台，抚摸着她惯用的钗环，纳兰会想到自己如何闹着要给妻子画眉。纳兰特别遗憾，因为在妻子活着时，纳兰并没有为她写几首词，总觉得岁月还长。而当妻子不在之后，纳兰才深刻地感受到内心巨大的缺口。于是，无尽的思念倾泻。

康熙十七年（1678）七月二十八日，纳兰把妻子埋在了皂荚屯的家族墓地。两年后，在妻子的忌日时，他来到坟前，并烧了新写的一首词《金缕曲·亡妇忌日有感》：

此恨何时已。滴空阶、寒更雨歇，葬花天气。三载悠悠魂梦杳，是梦久应醒矣。料也觉、人间无味。不及夜台尘土隔，冷清清、一片埋愁地。钗钿约，竟抛弃。　　重泉若有双鱼寄。好知他、年来苦乐，与谁相倚。我自中宵成转侧，忍听湘弦重理。待结个、他生知己。还怕两人俱薄命，再缘悭、剩月零风里。清泪尽，纸灰起。

泪尽灰起，只能期待来生再聚。纳兰在坟前默默站立着，突然，大风从西山方向吹来，把纸灰和烟吹向旁边的杨树，树上的几只乌鸦被惊着了，哗啦啦飞起，斜斜掠过微薄的落日。它们能把纳兰的问候带给长眠于地下的妻子吗？

入职侍卫

纳兰二十二岁生日的时候，曾写过一首自寿词《瑞鹤仙》，并注曰"丙辰生日自寿，起用《弹指词》句，并呈见阳"：

马齿加长矣。枉碌碌乾坤，问汝何事。浮名总如水。拚尊前杯酒，一生长醉。残阳影里，问归鸿、归来也未。且随缘、去住无心，冷眼华亭鹤唳。　　无寐。宿醒犹在，小玉来言，日高花睡。明月阑干，曾说与，应须记。是蛾眉便自、供人嫉妒，风雨飘残花蕊。叹光阴、老我无能，长歌而已。

顾贞观的词集名为《弹指词》，"马齿加长矣"是顾丙午生日自寿词的首句，两首词其实有对话的意味。且看顾生日自寿词：

马齿加长矣。向天公、投笺试问，生余何意？不信懒残分芋后，富贵如斯而已。惶愧杀、男儿堕地。三十成名身已老，况悠悠、此日还如寄。惊伏枥，壮心起。　　直须姑妄言之耳。会遭逢、致君事了，拂衣归里。手散黄金歌舞就，购尽异书名士。累公等、他年谥议。班范文章虞褚笔，为微臣、奉敕书碑记。槐影落，酒醒未？（《金缕曲·丙午生日自寿》）

那时顾贞观三十岁，顺天乡试第二，后擢内国史院典籍，这一年对顾贞观来说很重要。见阳，就是张纯修。可见，这首自寿词，纳兰虽是写给自己，但同时也是写给顾贞观和张纯修这两位最亲近的朋友。顾贞观的词也是写于科举当年，与纳兰今年的情形有相似之处；但顾贞观当年三十岁，纳兰今年不过二十二岁；顾词中既有"生余何意"的颓唐，也有"壮心起"的不甘，与顾氏进京的矛盾心情正相吻合；而纳兰词里，却是一个二十二岁青年的忧伤。这一年纳兰高中进士，但向最亲密的友人所倾吐的是"碌碌乾坤""冷眼""叹光阴""老我无能"，如果说妻子的逝世是对纳兰情感的巨创，那么这首词则暗示了纳兰仕途的苦闷。

按照科举惯例，三月殿试之后，朝廷会根据进士的级别和成绩，分别授予官职，首先就是四月的钦选翰林庶吉士。据研究纳兰的学者赵秀亭先生考证，丙辰科一甲三人直授翰林官职；十数天后，另点二甲、三甲进士三十二人为庶吉士。被钦选的庶吉士入选者有谁呢？二甲第一至第六以及第九名皆入选，前十名中未入选的就是第七名纳兰和第八名王顼龄。王顼龄此时已年届五旬，不符合庶吉士年龄的要求，落选有故；可风华正茂的纳兰就这样被搁置了，他的同年都已经纷纷入职，只有他成了闲云野鹤，无处可去。直到写这首自寿词的十二月，纳兰仍在赋闲之中。

纳兰名在二甲之后，恭贺之人络绎不绝，他本来就腻烦这些俗套，现在前途又不明朗，干脆闭门不见。这不像贵胄公子的富贵做派，倒是萧然若寒素之士。他平日在家，只是弹琴咏诗，自娱自乐。实在闷了，就跑去张纯修的西山别院。纯修隐居在西山深处，幽闭清静，不杂尘嚣。纳兰到的时候，柿树叶子正红，山色如染。纳兰不由感慨道："见阳，我真想和你一起隐居算了！"张纯修知晓他的苦处，宽慰他说："咱们都没有隐居的命，来看看我新作的画。"张纯修和纳兰都喜欢作画，张纯修尤其喜欢画山水，亦爱收藏。两人在西山赏画作诗，一时惬意。有好友相伴，又有好景好画，纳兰顺手写了一首《菩萨蛮》，赠给张纯修：

车尘马迹纷如织，羡君筑处真幽僻。柿叶一林红，萧萧四面风。　　功名应看镜，明月秋河影。安得此山间，与君高卧闲。

只不过，有些人、有些事终是躲不过去。家里吃饭的时候，性子急的觉罗氏实在按捺不住了，追问明珠是怎么回事，明珠只说："再等等吧。"觉罗氏说："我听说别家孩子的消息都下来了，怎么咱们家孩子一直没有消息呢？到底出了什么问题？你赶快去打听打听呀。"明珠看了纳兰一眼，说："这个由皇上定。"纳兰低头只是默默吃饭。

就这样熬着熬着，消息最终下来了：康熙没有让纳兰入翰林院当庶吉士，而是召他入宫，当一名三等侍卫。纳兰对于"侍卫"一职并不陌生，父亲明珠入仕的起点就是侍卫，好朋友曹寅正在侍卫职任上，平常往来的八旗子弟被拣选为侍卫的也不少见。听到这个姗姗来迟的消息后的心情，纳兰没有跟朋友说过。

有清一代，民人入仕几乎就是走科举这一独木桥，但旗人出仕的门径渠道则宽泛得多。旗人出仕，大体可分为文选、武选。文有笔帖式、荫监生、内阁中书等，武则有侍卫、承袭世职佐领等途，其中，笔帖式和侍卫都是较为常见的出身。侍卫入仕的起点要高于笔帖式等文选，最低的蓝翎侍卫也有正六品，而笔帖式最高为七品。许多八旗世家子弟从侍卫到尚书、督抚等大员，时间长的要十余年，短则三五年。所以，八旗子弟根本无须和文士相争，走科举之路，他们的入仕门径中，侍卫是最好的选择之一。纳兰所任三等侍卫，听起来好像不够威风，但实际上官阶职权可不低。三等侍卫直接就是正五品官职了，已经是中层官员；他同科的状元彭定求任翰林院修撰是从六品，榜眼胡会恩、探花翁叔元任编修是正七品，其余的庶吉士都没有品级。从官阶品级而言，纳兰在他这一科进士中起始官阶最高。而且，侍卫是天子近臣，行走内廷，其升迁较同品级文武官员更快，可以说侍卫之职是入仕的极好起点。

但如果从另一方向考量，会发现别有隐情。

清初之时，本就是从镶黄、正黄、正白上三旗的满洲、蒙古子弟中拣选侍卫，尤其是宗室子弟、勋臣世职人员、八旗大员子弟等。纳兰出身正黄旗；父亲明珠时任吏部尚书，七月被授为内阁大学士；从血缘上说，纳兰还是康熙的表弟，所以，纳兰即使不参加科举，想当侍卫也是很容易的。可纳兰偏偏选择了十年寒窗苦读的科举路。第一次因为寒疾失利后，三年后再战。由此可见，他对于科举的执着，并非只是世家子弟读书雅事，而是真正希望以此立身。这种执着暗示出他更向往像他的那些江南好友一般，入翰林，走文官之路，而非依赖于家族的庇荫。谁知道，他苦心研读多年，又走回了侍卫的老路——难免让人慨叹，早知如此，何必当初。

因此，纳兰的官职品阶虽不低，但这兜兜转转间是否为他真心所求，无人知晓。他只是领旨谢恩，入值大内。从出仕到去世，在八年（一说十年）多的时间里，纳兰从三等侍卫升到一等侍卫。一等侍卫为正三品，品阶很高，但对于满洲贵胄子弟来说，他的升迁速度并不算快。

旁人会看到纳兰的父亲位及权臣，纳兰自己当时就有颇盛的声名；可也许恰因如此，康熙对于他的安排会有更多的考量。于品阶，康熙不会亏待纳兰，甚至对其有考察提携之意；但在各种权衡之下，纳兰自己的诉求和想法也许是最微不足道的。

马曹狗监

　　纳兰的好友年长者居多，唯有曹寅比他小三岁。容若与曹寅同时任职于大内，都与康熙有特殊的亲近关系，更关键的是二人都雅好文学，所以在如履薄冰、谨言慎行的大内，两人成了可以说些体己话的人。曹寅真真切切地见证了纳兰的侍卫生涯。

　　侍卫一职听起来简单，其实所辖甚广。有一段时期，纳兰负责管理御用马匹；曹寅刚好任内务府养狗处的头领。二人在宫内有时还能碰个头，尤其是狩猎之时，毕竟一个管马，一个喂狗，都要和牲畜打交道。私下里，二人时不时嘲笑对方是"马曹狗监"。偶尔心烦时，纳兰在曹寅面前会叹气说："我就是个弼马温！"

曹寅打了个揖："哎呦！失礼啊，大圣！真经可取得？"然后自己也跟着叹气说："要不咱俩换换？"

纳兰想想，算了，好像还是马曹好点。不过，跟动物在一起也有乐趣，纳兰自小习骑射，对马很是亲近；曹寅也时不时念叨"每日喂熟羊肠十两，半生老白米饭"，检查猎犬的口粮。

纳兰后来改成入侍殿廷，轮到上值的日子，早出晚归。白天立在大殿门口，看似十分威风，实则极其无聊，纳兰只好数地上的花砖。日复一日，连哪块砖有个缺角，他都一清二楚，也晓得日影照到哪里就能够下值。为了打发时间，纳兰无事时就默背诗词，从李煜苏轼辛弃疾，一直背到友人的新作，可背完一轮，发现日影尚未西斜，只得继续数花砖。纳兰的《西苑杂咏和荪友》记录了他的侍卫生活：

> 讲帷迟日记花砖，下直归来一惘然。
>
> 有梦不离香案侧，侍臣那得日高眠。

朝廷上，父亲明珠和索额图的争斗越来越厉害，身在大内的纳兰只能越来越谨言慎行。当时民间流传一句谚语："要做官，问索三；要讲情，问老明。""老明"指的就是明珠，"索三"指在家排行老三的索额图。所以，索额图手下人有时会故意让纳兰办理些龌龊的杂务，让他难堪，有时甚至连康熙都有点看不下去，说："一个相国之子，还干这些活儿？"

某些同僚也在背后指指点点，暗自嘲笑：

——这就是相国之子啊？

——听说还是我们满人里能读书的，这么草包，吹的吧！

——父亲厉害，到我们这不也得低三下四吗？

这些琐事都是纳兰在内廷的烦忧。

除此之外，纳兰的另一项日常职事是随驾扈从。每当康熙出入宫禁，有巡事、谒陵、祭祀、大阅等事需要外出时，纳兰经常跟随。纳兰善骑射，遇到狩猎，发辄命中，让人对他这个"文进士"侍卫不敢小瞧。但是长期在外奔波，他总是惦记着故乡和家：

春归归不得，两桨松花隔。（《菩萨蛮》）

归梦隔狼河，又被河声搅碎。还睡。还睡。解
道醒来无味。（《如梦令》）

侍卫做得愈久，纳兰就愈发疲倦，他在给顾贞
观的信中抱怨道："弟比来从事鞍马间，益觉疲顿，
发已种种，而执戈如昔，从前壮志，都已隳尽。"

不过，侍卫生涯给纳兰带来的不只是疲顿不
堪，也有读万卷书之外行万里路的豪情。有清一
代，旗人无故不能离开居住地，京旗就是京旗，驻
防即在驻防。他们即使身为贵胄，也并不能如汉人
那样随意漫游。若非因侍卫职任，需经常随康熙出
巡扈从，纳兰很难有如此多走南闯北的机会。也正
由此，纳兰词境大张，在爱情词之外另开边塞词
一脉。

义薄云天

康熙十五年（1676），纳兰结识顾贞观后，总想让他住得近一点；但顾贞观不喜喧闹，嫌纳兰家人来人往，最后寓居于稍远一点的千佛寺。纳兰只要一有空，就跑去那里看顾贞观。转眼到了冬天，那天，京城下了一场大雪。

纳兰早上醒来，听到雪花打着竹枝，居然有嘎吱嘎吱的折枝声。开窗一看，雪下得好大！漫天碎玉琼花。什刹海完全封冻了，有孩子在上面堆雪人，欢天喜地地叫喊着。看到眼前的美景，纳兰性德的第一个念头是：

"不知梁汾昨晚会不会冻着？"

这样一想，他赶紧跳下床来，叫上了两名家

仆，准备好一笼好炭，匆匆往千佛寺赶去。

千佛寺名字很大，其实只是一座幽静的小寺庙，并没有一千尊佛。千佛寺北就是德胜门，楼门雄伟，气象万千，顾贞观有时会去城门附近走走，发思古幽情。

到了千佛寺的门口，纳兰前去推门，不料门是虚掩的，吱呀一声，门开了，几只麻雀噗噗飞走了。

"谁这么早就出门了？"

纳兰没细想，只顾往里走，顾贞观的门也是虚掩的，进去一看，顾贞观不在，被褥叠得整整齐齐，炉子还在烧着。

"人去哪了？"

纳兰到院里一看，雪地上密密麻麻的脚印，显然是顾贞观的，因为僧人的房门都关着，应该都还在睡觉。再往远处一看，发现顾贞观的脚印已经出寺庙了。这时，纳兰听到有声音，回头一看，发现桌子上镇纸压着的一张宣纸，被风吹动后，哗啦哗啦作响。

他走回房间，看纸上写着两首词——《金缕

曲》二首，墨迹未干，应该是刚写完。纳兰一读，不禁击节赞叹——写得太好了！

季子平安否？便归来，平生万事，那堪回首。行路悠悠谁慰藉？母老家贫子幼。记不起、从前杯酒。魑魅搏人应见惯，总输他、覆雨翻云手。冰与雪，周旋久。　　泪痕莫滴牛衣透，数天涯、依然骨肉，几家能够？比似红颜多命薄，更不如今还有。只绝塞、苦寒难受。廿载包胥承一诺，盼乌头马角终相救。置此札，君怀袖。

我亦飘零久。十年来，深恩负尽，死生师友。宿昔齐名非忝窃，只看杜陵消瘦，曾不减，夜郎僝僽，薄命长辞知己别，问人生、到此凄凉否？千万恨，为君剖。　　兄生辛未吾丁丑，共些时、冰霜摧折，早衰蒲柳。诗赋从今须少作，留取心魂相守。但愿得、河清人寿。归日急翻行戍稿，把空名、料理传身后。言不尽，观顿首。

这两首词显然是顾贞观写给好友的，好友也是一位诗人。是谁呢？纳兰读到最后，发现有一行小字："寄吴汉槎宁古塔，以词代书，丙辰冬，寓京师千佛寺，冰雪中作。"纳兰由此得知，这位吴汉槎是被流放到了宁古塔。宁古塔在今日的黑龙江，是极苦寒之地，比叶赫部的故地更北，是朝廷流放罪人之地。看来，这位朋友至少流放了十年，顾贞观很想念他，为他难过，便以词代信，写了这两首词。另外，从词中也可获知，吴汉槎虽被流放至苦寒之地，却还能全家团聚，也算是不幸中的大幸。

"这个吴汉槎是谁？"

纳兰自言自语，又把两首词看了几遍，然后准备到雪地里去找顾贞观，正要走，忽然想到：万一纸被风吹走了怎么办。于是他仔细把这张纸卷起来，放进袖里，然后叮嘱仆人进来把木炭卸下，看好房间，自己则带另一名小仆，循雪地上的脚印去找顾贞观。

纳兰走了好久才找到顾贞观。原来，他先是沿德胜门的城墙走了一圈，最后往南折回什刹海。

纳兰找到顾贞观时，他正立在什刹海的冰面上，默默静立出神。纳兰一见他的背影，就感到一种说不出的落寞。

纳兰不想打扰他，示意小仆退后，自己静静站在他的背后。

顾贞观知道是纳兰来了，但没转头。

两人静静站在大片残荷前。什刹海有大片荷花，每到夏季，婀娜多姿，清香怡人，是北京城的著名景观。但此时只剩下枯枝败叶，因为下了一夜的雪，有的残荷落满了白雪，组成了一个无声的黑白世界，优美而凄清。

这时，只听顾贞观叹了口气说："好快啊，一晃就是冬天了！"

纳兰走过来，指着残荷说："还记得夏季我们来这里赏荷饮酒，赞叹周美成的'叶上初阳干宿雨，水面清圆，一一风荷举'，一晃已是这番景象！"

顾贞观说："是啊，不过古人说'浮世本来多聚散，红蕖何事亦离披'，现在尚能'留得枯荷听雨声'，也算是不幸中的幸事吧……"

纳兰接着说:"正像你新词所说,'数天涯,骨肉几家能够',也是不幸中的大幸。"

顾贞观听了,回头看他一眼。

纳兰说:"这两首词写得真好!只是不知道这位吴汉槎是谁?"

顾贞观回答说:"是我的至交好友!现在流落塞北,十多年啦。"说着叹了一口气,欲言又止。

纳兰说:"咱们回去喝口热茶,慢慢说!"一面拉着顾贞观,一面示意小仆赶紧回去备茶。茶香袅袅中,顾贞观陷入了回忆:

"那是二十多年前的事了。认识汉槎时,我才十八岁,比你现在还要小些。汉槎当时已名动江南,他和徐元文、徐乾学、严绳孙、秦松龄、陈维崧等人组织了慎友社。那时候大家都年轻,意气风发,一起飞觞赋诗,谈天说地。没想到很快就发生了'科场案'和'奏销案',汉槎被流放到宁古塔,我家也受到奏销案牵累。"

通过顾贞观的讲述,纳兰详细了解了吴兆骞及当年的科场案。吴兆骞(1631—1684),字汉槎,吴江松陵镇(今属江苏苏州)人。因为他主要在江

茶香袅袅中，顾贞观陷入了回忆。

南活动，又流放塞北多年，所以纳兰并不熟悉。其实，他是江南著名才子。顺治十四年（1657），吴兆骞参加江南闱乡试，中试为举人，本以为从此可平步青云，不料有人上奏说科考有人作弊。清廷震怒，要求把中试举人押到京城重考。吴兆骞虽然才高，却是书生，何曾见过这番阵仗，临场又气又急、又怒又恐，竟一字未能写出，交了白卷，坐实了作弊的罪名，于是被科考除名，杖责四十，流放塞北宁古塔。好在当地清军都统巴海赏识他的才华，聘他教导自己的两个儿子，生计不成问题。过了一年多，他的妻子葛氏万里出关去陪他，并于次年生下一个孩子，有了家人的陪伴，强于一人塞外苦熬。

贞观顿了顿，接着讲道："当年汉槎离京之时，送其出关之作很多，我印象最深的就是吴梅村先生的《悲歌赠吴季子》：'人生千里与万里，黯然销魂别而已。君独何为至于此？山非山兮水非水，生非生兮死非死。十三学经并学史，生在江南长纨绮。词赋翩翩众莫比，白璧青蝇见排抵。一朝束缚去，上书难自理，绝塞千山断行李。送吏泪不止，流人复何倚！彼尚愁不归，我行定已矣。八月龙沙雪花起，橐驼垂腰马没耳。白骨砢砢经战垒，黑河无船渡者几？前忧猛虎后苍兕，土穴偷生若蝼蚁。大鱼如山不见尾，张鬣为风沫为雨。日月倒行入海底，白昼相逢半人鬼。噫嘻乎悲哉！生男聪明慎勿喜，仓颉夜哭良有以，受患只从读书始。君不见，吴季子！'"

吟罢这首诗，贞观苦笑着说："汉槎朋友多，大家也都知他冤枉，从那时开始就千方百计想救他。十年前，我第一次来京赶考，也是为了能寻找机会，当日我还写信给汉槎，信誓旦旦告诉他，一旦有机会，就会尽一切努力为他想办法。没想到，我只做了个七品小官，后来更是辞官归里。"

纳兰自然明白其中难处。朝廷和江南就像箭弦上的两端，绷得极紧，朝廷既要用，又要防；江南那么多的饱学之士既想一展抱负，心里又有那么多的愤懑无处诉说。吴兆骞的科场案，只是诸多科场案之一，由顺治皇帝钦定。顺治驾崩后，康熙不可能无缘无故推翻先皇的定案。

顾贞观接着说："但我不死心啊。前日收到汉槎来信，信中说'塞外苦寒，四时冰雪，鸣镝呼风，哀笳带血，一身飘寄，双鬓渐星。妇复多病，一男两女，藜藿不充，回念老母，茕然在堂，迢递关河，归省无日'，看到他如此苦苦挣扎，我又如何能坐得住。"

纳兰听了，从袖里把那张纸掏出来，放在桌上，对顾贞观说：

"所以你写了这两首词？"

"一时感发而已，不知何日才能再见到我这位老友。"顾贞观说完，突然对着纳兰行了个大礼。

纳兰定定看着对面的顾贞观，思索良久，拱手道："梁汾兄，弟当以身任之！十年之内，我一定竭尽全力，让汉槎兄回返江南！"

顾贞观听得此话，感动地说："容若，要能救回吴汉槎，江南士子都会感念你的恩义！更别说我和汉槎了。然而，"他又摇了摇头，"你说，人生能有几个十年？能否以五年为期？"

纳兰允诺道："一言为定，五年为期！但此案由先皇定下，当今圣上也不能轻易松口。这事肯定得找我父亲援手。今晚父亲有一个宴集，你也过来，一起跟他说说，你看如何？"

明珠喜欢交往，门下文人墨客众多，经常举办宴会。他有时也会让纳兰叫顾贞观同来。但纳兰知道顾贞观不喜欢去，往往帮他推脱。当晚，纳兰带了顾贞观去参加宴席。明珠事先已知情，一见面就开玩笑说："梁汾先生，到我们府上很久了，咱们却很少一起喝酒，见你的尊面不易啊！容若说你不善饮，这回为救汉槎，我怕你是得先罚酒三大碗了！来来来，给我满上三大碗！"说着，让人满上了三大碗烈酒。顾贞观听他这么一说，无法推辞，便仰头就喝，连干了三大碗，呛得满脸通红。明珠一看笑了，知晓其心意："我本是玩笑，就算梁汾不饮此杯，我又怎能不救汉槎。但梁汾此举，真是壮士高义！"

接下来的几年，明珠父子、顾贞观等人想了种种办法，始终未得成功。康熙二十年（1681），朝廷诏遣侍臣致祭长白山，吴兆骞向朝廷献数千言《长白山赋》，康熙读过后也叹其才华出众。明珠借机斡旋，朝廷默许了吴兆骞可以依例"以银赎归"。吴兆骞最终认修内务府之工，纳二千金得以赎归。这时，距纳兰当年的许诺恰是五年。之后，明珠还专门聘请吴兆骞担任次子揆叙的老师，解决了他的衣食之忧。

次年正月十五，火树银花，灯月争辉。刚刚从宁古塔生还的吴兆骞，与顾贞观、严绳孙、陈维崧、姜宸英、朱彝尊、曹寅等人一起聚于纳兰家的花间草堂，共度佳节。是夜，花间草堂挂满纱灯，大家高谈阔论，不亦乐乎。回首过往一年，大到朝廷平定三藩，近如汉槎返京，大家都不免悲欣交集、感慨不已。二十多年来，满与汉、朝廷与江南曾经的敌对与紧绷终于化为知己们共聚一堂的赋诗对谈。从大环境上，这源于康熙治下的天下渐趋承平；而在满汉文人的交往中，则有赖于纳兰的一片赤诚。纳兰对每一位才学之士，不管是满是汉，都是真正的尊重和理解。纳兰视功名如尘埃，却视朋友为生命。直到夜深，众人才陶陶然踏月归去。

护驾东巡

上元灯节聚会后，纳兰忙得脚不沾地，因为康熙打算以三藩平定为名东巡，皇上一声令下，所有人都要围绕这次行程准备调整。明珠和纳兰此次都要随行，所以，纳兰有不少东西要准备。

一个月后的二月十五日，康熙帝一行启程，奔赴东北，拟祭告永陵、福陵和昭陵。东巡队伍约有七万余人，浩浩荡荡，所用卤簿仪仗、食物器具不可胜数，单是供给牛乳的随行奶牛都多达七十头。

康熙不爱待在紫禁城，在位六十一年，东巡三次，南巡六次，京畿附近巡幸的次数更多。十一年前，康熙刚刚剪除鳌拜及其党羽之时，曾率众进行第一次东巡，当时纳兰还在国子监，得知皇帝去东巡，十分羡慕。毕竟旗人不得无故出京，纳兰都不知道自己这辈子有没有机会去看看自己的故乡。当侍卫之后，纳兰扈从康熙在京畿附近的巡幸次数不少，去年还刚去了遵化温泉。但他没想到的是，这么快就有机会去东北看看自己的故乡。

东巡一路跋山涉水，极为辛苦。作为侍卫，纳兰忙前忙后，操持各种繁琐事务。队伍走走停停，沿路驻扎。快到山海关时，一天夜里，大部驻扎于旷野，纳兰望着天上繁星，写下一首《长相思》，堪称千古名篇：

山一程，水一程，身向榆关那畔行，夜深千帐灯。　　风一更，雪一更，聒碎乡心梦不成，故园无此声。

这就是行万里路的好处。虽然纳兰白天骑马奔波疲惫不堪，但夜里反倒会兴奋地辗转难眠，必得写些东西才能安心。

一路出关，队伍向东北逶迤而去，恰与当年八旗精锐入关之路逆行，路上时不时会经过当年战场遗迹。一日，康熙处理完手头政务，见外面阳光不错，心血来潮，就带了纳兰和一众侍卫出外，骑马到附近的古战场散散心。只见到处是残垣壁垒，远处的山上还有残存的堡垒。虽然战争已经过去六十多年，这里仍然荒无人烟，居然还可见残存的尸骨和兵器，可见当时战况之惨烈。康熙下了马，走着走着，随手从地上捡起个箭镞，虽然箭柄的木杆已经腐朽，但箭头还是锋利的，在日光下闪闪发亮，康熙不禁发思古之幽情，说："大家都四处看一看，能不能多找到些当年的兵器。"

侍卫们果然又找到些兵器，以箭镞居多，还发现一把铁弯钩，他们交给纳兰，由他交给康熙。

康熙把那一把弯钩擦了擦，居然隐隐带有红光。康熙大为感慨，说："若没有当年祖宗的喋血沙场，也不会有我们今天的基业呀！容若，你记得吗？唐人杜牧写过一首《赤壁》，说'折戟沉沙铁未销，自将磨洗认前朝。东风不与周郎便，铜雀春深锁二乔'。说是如果东风不帮忙的话，曹操就能胜了周瑜。这是文人浅陋了。打仗要天时地利人和，只靠东风能解决问题吗？说到底，还是当年祖

康熙不禁发思古之幽情，说："大家都四处看一看，能不能
多找到些当年的兵器。"

宗高瞻远瞩。这都是祖宗拿血和命换来的呀！里面可没有一点侥幸。你们说对不对？"

大家纷纷称是。

康熙沉思了一下，又说："我记得李长吉写过一首关于战场箭镞的诗，容若，你还记得吗？"

纳兰赶紧回答："回皇上，微臣记得，是《长平箭头歌》。战国时，秦国和赵国在长平大战，死了几十万人，后来李长吉到那里去凭吊，捡到一枚铜箭镞，因为沾过敌人的血，腐蚀出了铜花，李长吉专门写了此诗。"

纳兰沉声背道：

漆灰骨末丹水沙，凄凄古血生铜花。

白翎金簳雨中尽，直余三脊残狼牙。

我寻平原乘两马，驿东石田蒿坞下。

风长日短星萧萧，黑旗云湿悬空夜。

左魂右魄啼肌瘦，酪瓶倒尽将羊炙。

虫栖雁病芦笋红，回风送客吹阴火。

访古汍澜收断镞，折锋赤璺曾刲肉。

南陌东城马上儿，劝我将金换篝竹。

李贺诗本就晦涩，又好用冷僻的典故，康熙向纳兰请教，纳兰解释道：李贺在古战场捡到一枚破旧的铜箭镞，因为沾染过血，生出了暗绿色的铜花。箭镞埋在地底千年，羽竿腐蚀殆尽，只剩下狼牙一般的箭头。他途经此地，长风孤星，湿云如黑旗悬在半空，鬼魅在哭啼。他把酒洒得满地都是，拿羊肉祭祀，只见虫栖雁病，芦苇焦黄，旋风忽起，阴火明灭，仿佛死者在感谢他赐予的食物……

两人后来就在马上边走边聊，一路回到了营地。因为平定三藩，大局在控，此次东巡，康熙心情甚好。闲暇之时，他喜欢跟纳兰聊天，虽然两人君臣有别，但毕竟同年，又是表兄弟。当然，要论人情练达，康熙远胜于纳兰，他八岁时父亲去世，登基当皇帝，十岁时生母又去世，但是，康熙越挫越勇，十四岁时亲政，十六岁时智擒鳌拜，解除了权臣的威胁，从此亲掌大权。二十岁时遭遇三藩之乱，经八年筹划，最终平定。纳兰在康熙身边已有几年，这几年来，康熙一直在观察他，看是否能给予重任。纳兰与明珠一样，善于结交汉族士人。如何用纳兰，他还得再琢磨琢磨。

三月初四，到达盛京，按计划祭告之后，继续行进，望祭长白山，抵达松花江。康熙率部泛舟松花江，写下了著名的《松花江放船歌》。

康熙这首诗用了民歌体，朗朗上口，气魄宏大，确是一代明君的开创气象。纳兰也写了很多诗词，最动人的是一阕《菩萨蛮》：

问君何事轻离别，一年能几团圆月。杨柳乍如丝，故园春尽时。　　春归归不得，两桨松花隔。旧事逐寒潮，啼鹃恨未消。

还有一首欢快的《浣溪沙·小兀喇》：

桦屋鱼衣柳作城，蛟龙鳞动浪花腥，飞扬应逐海东青。　　犹记当年军垒迹，不知何处梵钟声。莫将兴废话分明。

面对同一条松花江，君臣之间的所思所忆真是天差地别。康熙看到的是"夜来雨过春涛生""云霞万里开澄泓"，而纳兰感受最深的都是离别："一年能几团圆月。"虽然也有"飞扬应逐海东青"的意气，但最后听到的是梵钟声声，诉说的是"莫将兴废话分明"。

边防考察完毕后，康熙一行从松花江边的乌喇地区开始返京，四月十三日，驻跸夜黑城。随行的高士其有《东巡日录》，记下那天雨中过叶赫河，见到一树梨花，惨淡含烟，古城只余一些台殿故址废墟。康熙有感而发，写下一首《经叶赫故城》：

> 断垒生新草，空城尚野花。
> 翠华今日幸，谷口动鸣笳。

纳兰也在古迹残垣间流连，写下一首《南歌子·古戍》：

> 古戍饥乌集，荒城野雉飞。何年劫火剩残灰。试看英雄碧血、满龙堆。　玉帐空分垒，金笳已罢吹。东风回首尽成非，不道兴亡命也、岂人为。

回到祖先龙兴之地，康熙看到的是新草翠华，感受到的是纯然喜悦，一片生机跃然纸上。而纳兰感受到的则是劫火残灰，是兴亡的运数。此中之缘由，就在于他们脚下站的，是当年的叶赫故城。

叶赫故城，正是纳兰的故乡：六十年前，康熙的努尔哈赤家族与纳兰的叶赫家族最终决一死战之地。

努尔哈赤家族最早只是明朝东北女真族部落的一支。当时最强的两支女真部落，一支是以努尔哈赤为首领的建州女真，另一支则是以纳兰性德曾祖金台石为首的海西女真，也就是叶赫部。这两大部落有联姻关系，同时也在争夺东北霸权。明朝为了防止女真部落走向强大，采取"拉一方打一方"的政治策略。海西女真势力较弱，最后投靠明朝以求支持。三方关系犬牙交错。但是，努尔哈赤率领的建州女真，1619年在叶赫城取得了最终胜利，消灭了海西女真，缢杀了金台石。此后，努尔哈赤为了赢得力量对付明军，将海西女真的降兵都并入自己的部队。努尔哈赤家族和叶赫家族也继续通婚。努尔哈赤儿子皇太极为金台石的妹妹所生，双方既是姻亲，也是对手。

可以说，君臣的一诗一词，蕴含着一种难以言说的情感矛盾：一方，是志得意满的努尔哈赤家族后人；另一方，是惆怅满怀的叶赫家族后人。

自从过叶赫故城之后，纳兰时常感到一种难以言说的惆怅，那是命运的无奈苍凉；但心中有时又会涌现一阵阵慷慨激越的鼓点和呐喊。从那夜起，他总是辗转难眠，翻来覆去，耳边仿佛听到六十年前祖先们悲怆的呼叫，到处都是金戈铁马的碰击。

或许是因为重返家族故地，他突然感到：自己内心有一种隐蔽的东西在生长着，它从血流满地的战场上爬起来，仿佛在寻找着什么，聆听着什么。直到有一天，他大叫一声，一脚踢掉被子，跳下来，站在黑暗的帐篷里，也不知道过了多久，他猛然点起油灯，奋笔疾书，把汹涌澎湃的情绪凝结成一首《忆秦娥》：

山重叠。悬崖一线天疑裂。天疑裂。断碑题字，古苔横啮。　　风声雷动鸣金铁。阴森潭底蛟龙窟。蛟龙窟。兴亡满眼，旧时明月。

这正是他凭吊古战场时始终压抑的情绪，是潜伏在他血脉里的叶赫家族的热血阳刚。若天能假年，纳兰应该能写出更多磅礴大气的豪放词。

万里塞外

　　已是十月，塞外的原野十分寒冷，落日中，得得的马蹄声更显空旷寂寥。

　　一队人马驰骋过来，越来越近，原来是数百人的马队，正由北向南奔驰。这里是中国东北极北地区，是梭伦（又称索伦）部落居住的地方。梭伦部落包括现在的达斡尔、鄂温克、鄂伦春等族，清初时已归附服从清朝的管辖。但因所处地区接壤罗刹国（亦称老羌），屡被侵扰乃至劫掠戕杀，因此不断被迫迁移。康熙东巡的时候就留意到此问题，回京后，专门派朗坦、朋春等率部赴黑龙江流域地区了解情况、侦察虚实及路线。正在奔驰的马队正是朗坦率领的队伍，纳兰也在其中。纳兰五月刚刚抵京，八月份又被派出京，尤其此次万里奔袭，路途险远，行事又需万分周全小心，但纳兰心头有着一种隐隐的兴奋。

此时已近傍晚，但是，这一行人并无停留之意，还在快马加鞭赶路，可见是情况紧急，有要事在身。

突然，当头的清军副都统郎坦脸色一沉，紧急拉起缰绳，把马刹住，同时往后一摆手，示意队伍停下来。

整片原野猛然陷入了一片可怕的静谧。一名哨兵翻身下马，把脸贴到地上仔细聆听，脸色一变，然后翻身起来，向郎坦报告说："从西北方向过来了一队骑兵，行动很快，不是一般猎户。"

纳兰问："会不会是罗刹人？"

郎坦说："这个可说不好，——也有可能是我们自己人。但是，罗刹人经常在这里出没，前不久，有个部落刚遭了劫。皇上交代，此行主要任务是侦察，尽量不要交锋，咱们先打埋伏、待机而动。现在，大家散开！"

这数百骑兵都是清军精锐，一部分人从马上跳下，收拾好鸟铳刀枪，四散埋伏。还有一部分人骑着马悄悄退到树林深处，做好骑兵冲击的准备。

过了约半个时辰，只听"得得得"的马蹄声越来越近，从西北方向的树林深处里过来了近百号骑兵，全是清军打扮。

"是自己人！"

大家松了一口气，不发生遭遇战是最好。

原来，这两批人马都是来梭伦地区侦查的，只是上个月兵分两路行动。久别重逢，更加亲切。两对人马互相打招呼，到对方马队中找自己的熟人朋友。塞外荒无人烟，能见到人就是乐事，何况遇到的是自己的朋友？

郎坦看天色已晚，人困马乏，决定在此驻扎过夜，明日再走。

不一会儿，大家已经拉起帐篷，生起篝火，拿出携带的干粮和酒，开始吃起来。野外生活十分艰苦，这种休整是难得的放松机会，分外宝贵。

纳兰在对方马队找到了自己的好朋友经纶。经纶，字岩叔，浙江姚江人，擅长画画，是内廷的御用画师，在京城的时候经常跟纳兰和张纯修来往。

他这人爱喝酒，喝多了以后，就沉思默想，然后怪叫几声，开始提笔作画。他什么都能画。无论是人物，还是鸟兽，无不逼真。因为他画得太好了，有人还给他写过这样一首诗：

> 岩叔真孤峭，儒中老画师。
> 存神先纵酒，泼墨画成诗。
> 木淡王摩诘，风流李伯时，
> 更知敦友道，意气见须眉。
>
> （《经岩叔·讳纶能画》）

纳兰喜欢经纶的画，家里还收藏了几幅，却没想到后来能一起到塞外来。所以两人一路上朝夕相处，经常在毡帐里挑灯谈论诗文。这一次，两人才分别一个多月，纳兰见经纶就已经眼眶深陷，满脸憔悴，显然这段时间过得特别艰苦，但他手里还是紧紧抱着一个偌大的马奶酒壶，爱喝酒的毛病看来一直没改。

他建议纳兰也喝一口，说："我活这么大，才知道塞北的酒这么好喝！我们江南的名酒跟它一比，太没有后劲了。"话虽如此，他却没有把酒壶给纳兰的意思，显然不舍得。

纳兰熟悉他的脾气，知道这人重情轻财，喜好诗词歌赋，唯独特别好酒，谁喝他的酒，他就跟谁急。纳兰岔开话题，问道："罗刹人那边，情况如何？"

经纶说："形势可不太乐观！罗刹人兵强马壮，火器很厉害。"

"你是说，打这个仗不容易？"

经纶点头道："不易！罗刹人擅长造城池，他们铸造的城池，我以前从没见过，那可真是固若金汤！来，给你看看我画的罗刹人的城池图，"他从怀里掏出亲手测绘的地图，借着篝火，仔细给纳兰介绍，"你看，他们把城池建成了五个角的模样。这可是大有讲究的——罗刹人火器锐利，每一个城池的角上都布置了人，你无论从哪个角度攻击，他都可以开枪打你，完全没有死角！他从哪个角打你，你都躲不了。不得不说，罗刹人造城技术的确很有一手！我画图的时候都感到很佩服。所以我觉得这一仗是凶多吉少啊！"

纳兰平日里不但喜欢诗词歌赋，其实对于西学也有所涉猎，读过不少传教士翻译的西洋书籍。他说："你画的这个，我见过，西洋人叫棱堡。一夫当关，万夫莫开，的确很难硬攻。当年郑成功在台湾跟红毛人（荷兰人）作战，面对的就是这种棱堡。前年台湾归降以后，我跟一些参加过战争的台湾人聊，他们都说，郑成功跟红毛人打仗的时候，也吃了这种棱堡的亏。要不是最后红毛人自乱阵脚，郑成功未必能赢。依我看，此次对罗刹人作战，最好不要硬攻，应当诱他们倾巢而出。"

纳兰虽然对西学一直有兴趣，但身边朋友多是文人墨客，很少有对西学真正感兴趣的，所以一般不与人谈论这些。这一次，他见经纶动了兴致，专门给他详细介绍了自己所了解的西方科技，包括天文、历法、农业和军事等，讲完以后，他感慨说：

"咱们的诗章词赋虽然美不胜收，但是不重格物，我看西方人喜欢钻研实学，好用各种机器来代替人力。他们生产的机械，水平比我们高很多。如果我们能好好学习他们的学问，也能给天下百姓带来大福祉。可惜，这几年我东奔西走，也只了解些皮毛而已。"

经纶听他侃侃而谈，不禁悠然神往，问纳兰道："那你觉得这一仗我们能赢吗？"

"据我观察，罗刹人万里迢迢到我们这里来，应该没有足够的后援。而且棱堡也并非没有攻克的办法。我们如果调集大军进攻，肯定可以打赢，但是，伤亡肯定也很惨重。然而打仗哪有不死人的呢？养兵千日，用在一时。若有一战，我就跟圣上请战，毕竟已经来过一遭，熟悉情况，即使战死沙场，也不枉这一生。"

说到这里，纳兰的眼睛炯炯有神，端是一副武将坚毅之色。

经纶说："咱俩才分别不到一个月，你变化倒是不小！看来此次万里之行，你又长进不少啊。可喜可贺！估计最近又写了不少边塞词吧？"

纳兰笑了，感慨地说："这几年来扈从皇上出巡，所见风物与京城大不相同，心境自然也不同以往，塞北的山水与平日的风月不肖，写出的词自然也就不同。"

"快让我读一读。"

纳兰看了看周边的人，见大家三三两两围饮闲聊，没人注意他们，就从怀里取出最近写的几首词，递给经纶。

最上一首是半阕《浣溪沙》，一下子就把经纶吸引住了：

万里阴山万里沙。谁将绿鬓斗霜华。年来强半在天涯。

"这一首没写完，下半阕还没影呢。"

但经纶已是赞叹不绝："这首词起始格调真高，有点岑参边塞诗的意思。好，好，半阕也真是极好！"经论拿着纳兰的词稿逐一往下翻，又读到一首《沁园春·试望阴山》，吟哦再三，惊喜地大叫："哈哈，刚说你是岑参，现在你又是李太白附体了！我说容若呀，你现在写词真是千变万化呀，前途不可限量，再过几年，恐怕可与苏东坡比肩了！"

试望阴山，黯然销魂，无言徘徊。见青峰几簇，去天才尺；黄沙一片，匝地无埃。碎叶城荒，拂云堆远，雕外寒烟惨不开。踟蹰久，忽冰崖转石，万壑惊雷。　　穷边自足秋怀。又何必、平生多恨哉。只凄凉绝塞，峨眉遗冢；销沉腐草，骏骨空台。北转河流，南横斗柄，略点微霜鬓早衰。君不信，向西风回首，百事堪哀。

这首词化用了李白的诗，充满了万里塞外的沉郁之气，经纶因为一路同行，所以对于词中描写的景物及感受特别有共鸣，不由得击节赞叹，激动不已。

经纶把这些词看了又看，才还给纳兰。他说："你这些词，都是绝唱，会永久流传。容若呀，能在此时此刻第一个读到你的词，是我的幸运。我冒昧提个请求，你给我写一首词吧，纪念咱们的万里之行。等回到京城，我再以你的词画一幅画，这样，我也可以沾你的光，在后世留下名字。"

纳兰笑答："你的画本已不朽，恐怕是我要靠你留名。——此时此刻，胸中无词，我就给你写一首诗吧。"

于是，他对着篝火，写了一首五言古诗《唆龙与经岩叔夜话》，赠予经纶：

绝域当长宵，欲言冰在齿。

生不赴边庭，苦寒宁识此。

草白霜气空，沙黄月色死。

哀鸿失其群，冻翮飞不起。

谁持花间集，一灯毡帐里。

江南风光

康熙二十三年（1684），对于康熙来说，是心情愉悦的一年。他先是平定了三藩之乱，然后收复台湾，终于成为一代雄主。现在，国家稳定有序，呈现盛世气象。他决定南巡江南，去亲眼见识所谓的"江南佳丽地"。

对于清朝来说，江南具有独特的政治意味。后金兴起于东北，奠基于北地，用了数十年才平定南方。江南是汉族士人文化的中心，诸多江南士子对于满人有强烈的抵抗意志，并且持续多年。清兵入关以后，江南的抵抗最为激烈；即使清朝统治数年之后，江南之于清王朝，仍然缺乏彻底的认同。为此，清廷软硬兼施，一方面大力推行科举，辟博学鸿词科等，为江南士人进入仕途提供便利；另一方面则屡施文字狱，打击江南士人。顾贞观好友吴兆骞被牵涉其中的科场案就是一例。

康熙虽然此前从未踏足江南，但早在古诗文中对"三秋桂子，十里荷花"的美景烂熟于心。康熙早就想亲自去看看魂牵梦萦的江南风光。纳兰就更不用说了，这是他渴望已久的一次游览。"江南"一直住在纳兰的心里，他的老师、挚友几乎全部来自江南，他早就希望能亲自到江南看一看。

康熙在三十岁这一年，首次南巡，从九月二十八至十一月二十九日，经泰山、曲阜、扬州、镇江、江宁、无锡、苏州等地，纳兰一路陪同扈从。纳兰一口气写出了十首《梦江南》，写自己梦中的江南和所看到的江南：

> 江南好，城阙尚嵯峨。故物陵前惟石马，遗踪陌上有铜驼。玉树夜深歌。

> 江南好，怀古意谁传？燕子矶头红蓼月，乌衣巷口绿杨烟。风景忆当年。

江南好，虎阜晚秋天。山水总归诗格秀，笙箫恰称语音圆。谁在木兰船。

江南好，佳丽数维扬。自是琼花偏得月，那应金粉不兼香。谁与话清凉。

可以看出，纳兰已经陶醉在江南里了。不过，对纳兰来说，此行不仅仅是为了一睹江南的风景，更是为了见一见江南的友人。

十一月，康熙一行到达金陵，住在将军署。这一天，纳兰专门去江宁织造署看望曹寅。这年六月，曹寅之父曹玺病逝，曹寅急急从京城赶回江南奔丧，并协理江宁织造事务。纳兰当时没在京城，说起来两人已经有大半年没见了。

两人在曹家花园里溜达。曹寅指着花园中一棵楝树说道："这是我父亲来南京任江宁织造后不久，亲自到燕子矶边移来种在这里的，后来树大成荫，他就在旁边建造了这个亭子。小时候，我就和兄弟在这里读书，栎园（周亮工）先生经常把我抱在膝上，让我背诵文章，父亲就在旁边瞧着。回想

曹寅指着花园中一棵楝树说道："这是我父亲种植的。"

起来，就像是在昨天，其实转眼却已过了二十年。你不知道，我回来的时候亭子损毁很严重，我赶紧叫人重修，就叫它'楝亭'吧。"顿了顿，曹寅接着说："容若，我没有父亲了。"说到这里，只剩下沉默。

纳兰侧脸看着自己的兄弟，发现半年没见，子清好像突然成熟了。曹寅有一肚子没法与别人说的愁烦。纳兰在京城就知道，曹家最得康熙的信任，曹寅的嫡母是康熙亲近的乳母。曹寅的父亲曹玺和明珠曾是同僚，纳兰早知道曹玺被派任江宁织造。江宁织造是皇家的耳目、尖刀，也是财源。曹家既要享受这无尚的富贵和恩宠，就只能守在这金丝笼中。曹家因为帮皇室打理产业，每年必须筹措大笔银钱，时时处于难以交差的煎熬和窘迫中，不时要拆东墙补西墙。此次南巡的费用，也需要曹家努力筹措，表面风光的背后到底有多少难处，只有曹家最清楚。好在康熙一路都比较看重曹寅。

纳兰宽慰曹寅道："你知道的，皇上始终护着你。"

曹寅摇摇头说："算了，不说这些，让你看个东西，我最近心力都用来捣鼓它了。"曹寅拿出一幅画，纳兰一看，画的就是眼前的楝亭。

"父亲已经不在了，现在，我想为父亲做的，就是刊刻他的诗稿，流传后世，完成他的一个心愿。另外，我已经请画师把楝亭画下来，准备请朋友题咏。文字寿于金石，哪怕有一天，这个亭子已经永远消失，但《楝亭图》却能永远流传下去。这是我私心里的一份悼念。容若，你来题第一首吧。"

纳兰思索良久，提笔写下一阕《满江红·为曹子清（寅）题其先人所构楝亭，亭在金陵署中》：

籍甚平阳，羡奕叶、流传芳誉。君不见、山龙补衮，昔时兰署。饮罢石头城下水，移来燕子矶边树。倩一茎、黄楝作三槐，趋庭处。　　延夕月，承晨露。看手泽，深余慕。更凤毛才思，登高能赋。入梦凭将图绘写，留题合遣纱笼护、正绿阴、青子盼乌衣，来非暮。

果如曹寅所愿,《楝亭图》和这一首《满江红》以及许多名家题咏,流传至今。康熙南巡代表着清廷对江南的政策由强硬渐趋绥靖,曹寅发起的楝亭图咏成为当时江南的重要文化事件。曹寅年纪虽轻,但他长于江南,师从周亮工等晚明遗民;同时,他又是康熙的"奶兄弟",与康熙之间有超越君臣的特殊关系。曹寅为人赤诚,雅好文艺,也熟通世故,从楝亭图咏开始,他逐渐成为江南吸纳和联结满洲贵胄、晚明遗民、新朝官员、文坛巨擘、布衣隐士的枢纽人物。

　　和曹寅的相聚,让纳兰又想到了张纯修。纯修最是淳朴厚道,但也有股倔劲儿,爱画兰花就一个劲地画。如今三人天各一方,不知何时才能聚首,只能把对彼此的惦念都写在词里。五年前,张纯修赴湖南江华任县令,那时自己还和曹寅为他饯行,写下一首《菊花新》:

　　愁绝行人天易暮,行向鹧鸪声里住。渺渺洞庭波,木叶下、楚天何处。　　折残杨柳应无数,趁离亭笛声吹度。有几个征鸿,相伴也、送君南去。

当时，江华刚从吴三桂叛军中手中收复，地方上并不平静，张纯修去做地方官，并不容易。纳兰又作了一首五律《送张见阳令江华》："楚国连烽火，深知作吏难。吾怜张仲蔚，临别劝加餐。避俗诗能寄，趋时术恐殚。好名无不可，聊欲砥狂澜。"那时大家还雄心万丈，没料想，几年过去雄心壮志消磨了不少。见阳辗转各地做地方官，子清在其父亲故去后他的前途也不明朗，而自己则一直在当侍卫。想到这些，纳兰觉得今夜真是该痛饮一场，不知三人何时能再聚首渌水亭。

半世浮萍

　　南巡回京的路上，纳兰心里有了别样的惦念与期待，因为京城多了一个人在等他。

　　卢氏离开七年了，纳兰越来越感到寂寞。当值扈从、友人相聚之时尚不明显，回到家中，寥落袭来。其实，纳兰府中有继室关氏、侧室颜氏，但纳兰与她们话难投机。

　　闲暇时，纳兰与梁汾也会谈论一些文坛佳话：如钱谦益和柳如是、冒襄和董小宛、侯方域和李香君等。他们的故事里，有心灵相契，有散尽千金。纳兰也想寻觅一位兰质蕙心的解语花。他曾向梁汾倾诉："昔人言，身后名不如生前一杯酒，此言甚是。弟是以甚慕魏公子之饮醇酒、近妇人也。……

吾哥所识天海风涛之人，未审可以晤对否。弟胸中块垒，非酒可浇，庶几得慧心人，以晤言消之而已。沦落之余，久欲葬身柔乡，不知得如鄙人之愿否耳。"可见，纳兰确实留意此事。后来，他再给梁汾写信时提到："闻琴川沈姓有女颇佳，亦望吾哥略为留意。"沈姓女，就是歌姬沈宛。江南乌程人，擅诗词，在江南颇有才名。顾贞观果然不负所托，找到了沈宛，并介绍二人相识。

所谓相识，最初只是书信往来，更近于神交。从江南到京城，几千里的路程，两人的信件频繁地飞来飞去。有时候，都等不及收到对方回信，就又开始写信。几乎每一天，他们的信都在路上。

终于，顾贞观带着沈宛从江南动身，一起进京。纳兰这才第一次见到沈宛。

他们一见面，就仿佛已经认识了很久。他们一起谈天说地、写诗作赋，和朋友们聚会，彼此知心解意。足矣！

关于沈宛，我们所知极少，只知道她曾著有《选梦词》。当年从江南风尘仆仆入京，与纳兰半年欢愉之后，再度漂泊江湖，不知所归何处。沈宛只留下了五首词，都是描述她的孤寂与对纳兰的思念。

虽然卢氏早逝，但纳兰现在终于又遇到一位红颜知己，身旁还有顾贞观等诸多师友，大家经常一起宴饮雅集，纳兰门下有不少饱有才学的文人雅客，被誉为京城的孟尝君。他的《饮水词》也在大江南北广泛传唱。仕途上，康熙已下旨把他提拔为一等侍卫，还专门在三月十八自己生日这天亲书贾至《早朝》诗赐给纳兰。康熙于万寿节赠诗，别具意味，朝中的人都知道纳兰这是要高升了。

但过去的三年中，纳兰塞北扈从，紧接着又侦察梭伦，随即又下江南，奔波劳顿，身体大不如前。纳兰本有寒疾，梭伦一行道路险阻，当日松花江上人马皆涉冰而行，于身体亦有损伤。从梭伦回来之后，纳兰的寒疾就更重了。他在去梭伦途中写过一阕《临江仙》，描述自己的状况：

独客单衾谁念我，晓来凉雨飕飕。缄书欲寄又还休。个侬憔悴，禁得更添愁。　　曾记年年三月病，而今病向深秋。卢龙风景白人头，药炉烟里，支枕听河流。

之前是每年三月犯病，但现在，从年头一直能病到年尾。以前陪伴纳兰的总是诗酒茶，如今则是药炉烟。去年南巡时，一到无锡，纳兰就病倒了。

又到了春天。四月份的时候，严绳孙弃官归里，来向纳兰辞行。纳兰非常不舍，严绳孙是他熟识的第一位江南文人，纳兰的许多朋友都是通过严绳孙识得的，严绳孙对于他而言有特别的意义。那一天，他们两个依依不舍，纳兰身体欠佳难以远送，只能写诗送行，诗云"可怜暮春候，病中别故人"——是的，纳兰还在病中。

到了五月，纳兰感觉身体状况好转，突然想见见朋友们，便发帖邀请大家一聚，顾贞观、姜宸英、梁佩兰、吴雯、朱彝尊等都来了。正值初夏，草堂前面有一棵夜合花树，开得正茂盛，透过叶子的缝隙可以看见繁星点点。皓月当空，酒过三巡，有人就提议："大家就以这株夜合花为题来写诗，如何？"众人纷纷响应。轮到纳兰，他提笔作了一首《夜合花》：

阶前双夜合，枝叶敷花荣。

疏密共晴雨，卷舒因晦明。

影随筠箔乱，香杂水沉生。

对此能销忿，旋移迎小楹。

顾贞观最知纳兰，一读此诗，暗暗摇头说，"纳兰还是伤心事多"，思索着过几日要单独找机会宽慰一番。对于这次聚会，梁佩兰曾深情地追忆道："四方名士，鳞集一时。埙篪迭唱，公为总持。良宵皓月，更赋夜合。或陈素纸，或倚木榻。陶觯抒咏，其乐洋洋。"那夜，纳兰虽然还生着病，但看到这些最喜欢的朋友们明月清风，斜倚木榻，铺纸作诗，觯咏于渌水亭中，真是乐甚至哉。但他饮了酒，又吹了风，当晚歇下时就觉得身体愈发不适了。

谁也没想到，次日纳兰就卧床不起，寒疾突然加重。这一次，病情发展很快，咳嗽越来越重，喘息越来越急。到了第四天，连素来镇定的明珠都担心起来。宫里专门派了一名太医给纳兰诊治，但病情丝毫没有好转。到了第六天夜里，纳兰进入弥

弥留之际，纳兰混乱地呓语："阿玛，额娘，沈宛在哪里？卢氏在哪里？"

留状态。他混乱地呓语："阿玛，额娘，沈宛在哪里？卢氏在哪里？"

明珠听着有点愕然："这孩子怎么突然想起了卢氏？"来看望纳兰的顾贞观忽然一惊，问旁边的人："今天是什么日子？"他恍然大悟："明天是……五月三十号，也就是卢氏八周年的忌日啊！"

大家都沉默了。

康熙二十四年（1685）五月三十日，什刹海边，清代第一词人纳兰性德逝去，年仅三十一岁。

纳兰生前，曾写过一首《山花子》，现在回头看，仿佛是对自己短暂一生的预言：

林下荒苔道韫家，生怜玉骨委尘沙。愁向风前无处说，数归鸦。　　半世浮萍随逝水，一宵冷雨葬名花。魂是柳绵吹欲碎，绕天涯。

纳兰性德
生平简表

● ◎顺治十一年（1655）

农历十二月十二日，纳兰成德出生，父亲是康熙朝重臣明珠。

● ◎康熙十年（1671）17岁

补诸生，入太学，结识张纯修。

● ◎康熙十一年（1672）18岁

应顺天乡试，中举人。

●◎康熙十二年（1673）19岁

二月，会试中举。三月，因寒疾未参加廷试。五月，拜徐乾学为师。

是年，开始编撰《通志堂经解》和《渌水亭杂识》。

●◎康熙十三年（1674）20岁

娶妻卢氏。

●◎康熙十五年（1676）22岁

三月，纳兰中二甲第七名进士。本年初，皇太子保成更名胤礽，成德前一年因避讳更名为"性德"，现改回本名。

订交顾贞观，作《金缕曲（赠梁汾）》，纳兰词作始流行于京师。

●◎康熙十六年（1677）23岁

五月三十日，卢氏因病逝世。

始任侍卫职。

●◎康熙二十一年（1682）28岁

扈从圣祖东巡。

赴黑龙江地区侦察梭龙。

●◎康熙二十三年（1684）30岁

扈从圣祖南巡。

●◎康熙二十四年（1685）31岁

五月三十日，病逝。